Bonfitto, M. Bortolotti, V. Brignoli, A. Broccardo,
Della Croce, S. Grzancic, C. Guardigli, C. Nocentini,
. Perisutti, M. Salvatore, A. Sartor

B1+|B2

INTRECCI 1

Gli autori di INTRECCI sono insegnanti delle scuole secondarie di secondo grado della provincia di Bolzano seguiti, per la consulenza scientifica, dalla Professoressa Graziella Pozzo.

Direzione editoriale: Ciro Massimo Naddeo
Redazione: Chiara Sandri
Consulenza scientifica: Graziella Pozzo
Copertina: Lucia Cesarone
Progetto grafico: Lucia Cesarone e Gabriel de Banos
Impaginazione: Gabriel de Banos

Printed in Italy
ISBN: 978-88-6182-569-7
Prima edizione: aprile 2018

ALMA Edizioni
Via dei Cadorna, 44
50129 Firenze
tel +39 055 476644
fax +39 055473531
alma@almaedizioni.it
www.almaedizioni.it

INTRODUZIONE

INTRECCI nasce da un progetto di creazione di materiali didattici destinati agli apprendenti di italiano L2 per il **secondo biennio** e l'**ultimo anno della scuola secondaria** di secondo grado.

Questo strumento intende perseguire finalità di incontro degli studenti con alcuni eventi significativi della realtà, della storia e della cultura italiana e con alcuni testi di particolare significatività e valore della letteratura italiana presentando una vasta selezione di tipologie e generi testuali e fornendo utili apparati didattici di riferimento, finalizzati ad attività di comprensione, di analisi, di riflessione, di approfondimento. L'opera mette al centro il testo ed è orientata soprattutto allo sviluppo della **competenza comunicativa** nei suoi diversi aspetti, della ricezione orale e scritta e della produzione e interazione orale e scritta, ma presta attenzione anche allo sviluppo sistematico di alcune competenze chiave di cittadinanza, in particolare del **saper collaborare** e dell'**imparare a imparare**.

Gli autori hanno operato una selezione di testi basata principalmente su criteri tematici, ricercando una varietà di generi testuali, adeguata al pubblico dei destinatari e dando allo stesso tempo a ciascun insegnante la possibilità di integrare i propri corsi in relazione alle specificità dei propri studenti (in termini di competenza, motivazione, interesse, ecc.).

Le attività proposte sono di vario tipo: si va da attività semplici, di natura manipolativa, a compiti di complessità crescente, da svolgere con modalità laboratoriali. Qui lo studente, da solo, ma spesso in coppia o in piccolo gruppo, è invitato ad agire assumendo determinati ruoli sociali per una varietà di scopi, e può così mettere in gioco le proprie conoscenze e abilità, per trasferirle in contesti nuovi.

STRUTTURA GENERALE DEI MODULI

Ogni volume presenta **3 moduli**, i primi due aventi come titolo un tema declinato nelle diverse unità che compongono il modulo. Questa scelta permette agli studenti di avvicinarsi al tema proposto attraverso una pluralità di punti di vista mettendo in gioco diversi ambiti della propria sfera personale e / o sociale.

Il terzo modulo, del primo e del terzo volume, è dedicato alla lettura integrale di un libro di narrativa di un autore contemporaneo mentre quello del secondo volume

destinato ad apprendenti di livello B1+/B2

destinato ad apprendenti di livello B2

destinato ad apprendenti di livello B2+

propone la lettura di cinque racconti secondo il metodo del *cooperative learning*.

Ciascun **modulo** si compone di più **unità** e si apre con una sezione introduttiva, denominata *Per cominciare*, che introduce il tema del modulo attraverso spunti diversi come immagini, fumetti o brevi testi che l'insegnante potrà utilizzare per suscitare l'interesse negli studenti e per richiamare le loro preconoscenze. Il modulo si chiude con una sezione conclusiva, denominata *Per concludere*, che si configura come progetto volto a far reimpiegare in forma autonoma quanto affrontato nel modulo. Al termine del modulo vengono forniti degli **strumenti per la riflessione metacognitiva** degli studenti e per la loro **autovalutazione**.

Le **unità** si compongono di più **percorsi** che sono costruiti da una prima fase preparatoria che partendo da un testo *input* ha la funzione di motivare e stimolare lo studente alla visione, all'ascolto e / o alla lettura e portarlo alla scoperta del significato. Segue una seconda fase che ha la funzione di guidare alla comprensione, interpretazione e riflessione su quanto visionato, ascoltato, letto e che contiene proposte di attività di interazione. La terza fase ha lo scopo di far tirare le fila su quanto letto e / o ascoltato; contiene proposte di attività di produzione orale e / o scritta e propone lavori in autonomia a casa, su Internet, ecc.

I **compiti** e le **tipologie di attività** sono centrati sullo studente, attenti ai processi, in formato amichevole, e prevedono la collaborazione e il confronto tra pari.

In particolare, le attività richiedono di individuare informazioni fattuali; di interpretare, cioè richiedono di fare inferenze; di riflettere e valutare il testo.

Le domande sono state formulate in modo tale da permettere ad ognuno di trovare la risposta attraverso una lettura attenta e accurata dei testi proposti e cioè attraverso domande a scelta multipla, a domande Vero / Falso / Perché, a domande aperte ma fornite di sostegni, al fine di evitare lo spaesamento dello studente e infine a far motivare le risposte date.

Le **consegne** sono di natura "regolativa" e rivolte direttamente allo studente. L'operazione da fare è indicata con un verbo concreto che rende l'azione osservabile. Si specifica, inoltre, se l'attività deve essere svolta in coppia o in piccolo gruppo.

Le **icone** guidano l'insegnante nella conduzione della lezione con questi obiettivi:

- le icone , , indicano di che natura è il testo (scritto, audio, video) e quindi quale tipo di supporto deve essere utilizzato; tutte le attività che seguono supportano la fase di comprensione;
- l'icona segnala attività di riflessione sulla lingua che possono essere direttamente legate al testo oppure generate da spunti di espansione;
- l'icona caratterizza l'attività di produzione scritta (in genere individuale);
- l'icona caratterizza l'attività di produzione orale che viene svolta a coppie o in piccoli gruppi, secondo le indicazioni date nella consegna;
- l'icona segnala che l'attività proposta prevede un **progetto collaborativo** di ampio respiro che può prevedere attività produttive multiple e che richiede tempi lunghi e articolati di svolgimento.

m1 LE TANTE FACCE DELLA PAURA

AMBITO MATICO / CULTURALE	LESSICO	FUNZIONI	ELEMENTI DI STILE
ema della paura ema del coraggio	▪ Lessico riferito al tema della paura ▪ Lessico riferito all'ambito musicale ▪ Lessico filmico ▪ Lessico riferito ad atteggiamenti ▪ Esponenti linguistici per confrontare ▪ Lessico riferito ai rumori	▪ Parlare di sentimenti legati alla paura ▪ Confortare e dare consigli ▪ Argomentare e sostenere il proprio punto di vista ▪ Assumere il punto di vista di un personaggio ▪ Formulare ipotesi ▪ Leggere e interpretare un grafico ▪ Descrivere e interpretare opere d'arte ▪ Comprendere e interpretare un testo letterario ▪ Scrivere un breve racconto ▪ Realizzare un sondaggio	▪ Ingredienti musicali ▪ Elementi descrittivi di un quadro ▪ Figura retorica: onomatopea **RIFLESSIONE GRAMMATICALE** ▪ Condizionale presente ▪ Verbi pronominali ▪ Passato remoto

m2 IL SENSO DI VIAGGIARE

AMBITO TEMATICO / CULTURALE	LESSICO	FUNZIONI	ELEMENTI DI STILE
Il tema del viaggio Evoluzione del viaggio nella storia Il viaggio come esperienza formativa Il tema dei ricordi	▪ Lessico riferito al tema del viaggio ▪ Lessico riferito alla pubblicità ▪ Lessico riferito all'ambito musicale ▪ Lessico filmico	▪ Conoscere e confrontare i modi di viaggiare ieri e oggi ▪ Condurre un'intervista radiofonica ▪ Scrivere la continuazione di un testo narrativo ▪ Esprimere gusti e preferenze in tema di viaggio ▪ Riconoscere e analizzare strategie del messaggio pubblicitario ▪ Comprendere e ideare aforismi ▪ Discutere vantaggi e svantaggi ▪ Comprendere e interpretare un testo poetico ▪ Formulare ipotesi ▪ Confrontare personaggi, luoghi, situazioni e stati d'animo ▪ Produrre una presentazione multimediale di una poesia	▪ Elementi di uno spot pubblicitario ▪ Aforisma ▪ Figure retoriche: similitudine e metafora ▪ Sonetto ▪ Definizione di ritmo, tema e armonia musicale **RIFLESSIONE GRAMMATICALE** ▪ Verbi intransitivi

m3 UN LIBRO PER... *IO E TE*

AMBITO MATICO / CULTURALE	LESSICO	FUNZIONI	ELEMENTI DI STILE
ːema del rapporto ı fratelli	▪ Lessico riferito alla descrizione di personaggi ▪ Lessico riferito a caratteristiche psicologiche ▪ Lessico filmico	▪ Comprendere un testo narrativo ▪ Individuare e riordinare le sequenze di un testo narrativo ▪ Ricostruire e drammatizzare dialoghi anche telefonici ▪ Scrivere una lettera ▪ Scrivere una biografia	▪ Analessi ▪ La recensione ▪ La biografia

modulo 1

LE TANTE FACCE DELLA PAURA

In questo modulo avrai modo di affrontare il tema della paura a partire dalle tue paure e da quelle dei tuoi compagni, di leggere articoli, grafici, racconti, stralci da opere letterarie, ascoltare canzoni e pezzi musicali di diverso genere, guardare trailer di film, osservare quadri...
Alla fine del modulo avrai acquisito elementi conoscitivi e linguistici sufficienti per svolgere un'indagine sulle paure più diffuse tra di voi e preparare un grafico, e per costruire in gruppo un vademecum contenente consigli per affrontare situazioni critiche e riuscire a controllare la paura.

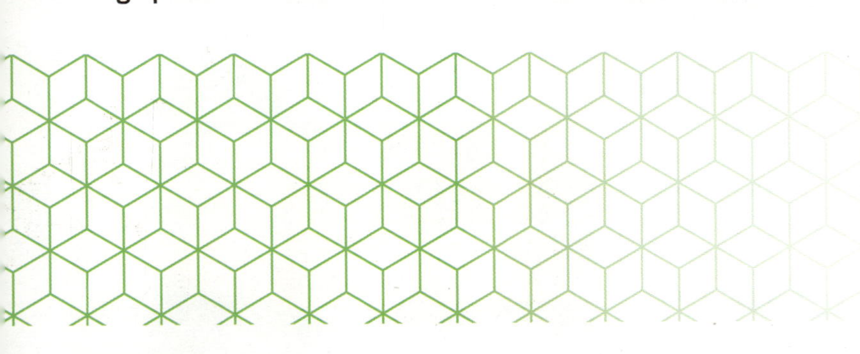

PER COMINCIARE

Le immagini rappresentano diverse manifestazioni e sfumature della paura.

1 **Scegli nell'elenco quali sono, secondo te, gli stati d'animo delle persone e / o dei personaggi raffigurati nelle immagini. Poi confronta con un compagno.**

dolore | ansia | angoscia | terrore | incubo | tristezza | timore | spavento

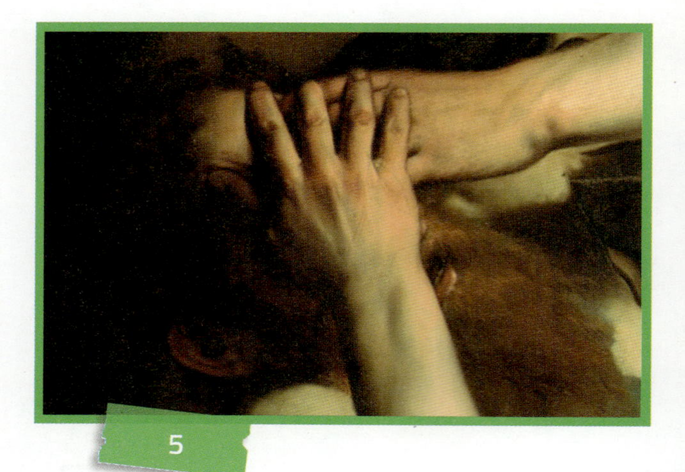

2 ▸ **Numera in ordine di importanza le tre cose che ti fanno più paura tra quelle elencate. Puoi aggiungerne altre.**

- ☐ paura dell'acqua alta
- ☐ paura dei ragni
- ☐ paura del buio
- ☐ paura di volare
- ☐ paura della solitudine
- ☐ paura degli spazi chiusi
- ☐ paura del ridicolo
- ☐ paura dei fulmini
- ☐ paura delle verifiche scolastiche
- ☐ paura dei luoghi elevati
- ☐ paura dei cani
- ☐ paura di parlare in pubblico
- ☐ altro ______________________

____

3 ▸ **In coppia. Spiega al compagno il perché della tua scelta e racconta qualche episodio legato alle tue paure e come hai fatto a superarle.**

per comunicare

Sono sempre stato terrorizzato da...
Ho sempre avuto paura di...
Provo un vero terrore per... / quando...
Mi ricordo quando...
Ricordo ancora... / Mi viene in mente quella volta che ...
Ho vinto la paura di... grazie all'aiuto di... quella volta che...

4 ▸ **Raccogliete i risultati dell'attività 2 alla lavagna e definite quali sono le paure più comuni nella vostra classe.**

____

____

____

____

____

____

____

____

____

____

UNITÀ 1. QUANTE PAURE!

PERCORSO A La paura: chi non ce l'ha?

IN QUESTO PERCORSO
IMPARI A

- cogliere i passaggi chiav[e] e le sequenze di una stor[ia] personale
- parlare di sentimenti leg[ati] alla paura
- confrontare le tue paure con quelle degli altri

1 ▸ **Nel testo che segue Arianna Huffington parla delle sue paure. Leggi la nota biografica introduttiva e completa la tabella.**

ARIANNA HUFFINGTON

(nata Arianna Stassinopoulos; Atene, 1950) è una giornalista e scrittrice greca naturalizzata statunitense, nota per aver fondato *The Huffington Post*, uno dei giornali online più letti ed influenti degli Stati Uniti.

anno di nascita	________________
paese d'origine	________________
professione	________________

2 ▸ **Leggi il testo e individua almeno quattro aspetti problematici della vita di Arianna. Poi confronta con un compagno.**

COME SONO DIVENTATA ARIANNA VINCENDO LA PAURA

Nella mia vita ho dovuto spesso trovare il coraggio che non sapevo di avere

Nella mia vita ho vissuto molti momenti di paura, ma alcuni sono stati fondamentali. Momenti in cui la paura è stata **irrefrenabile**, ma grazie ai quali ho imparato che era possibile vincerla e superarla, diventando coraggiosi.
La prima paura che ricordo fu particolarmente strana. Avevo 9 anni. Una sera, durante la cena, mia
5 madre cominciò a raccontarmi di quando, durante la Guerra civile greca degli anni '40, era fuggita sui monti con due ragazzine ebree. Prestando servizio nella Croce Rossa greca, si occupava dei soldati feriti, e quel giorno nascose le due ragazzine. Ci raccontò della notte in cui alcuni soldati tedeschi arrivarono nella loro casetta di montagna e cominciarono a sparare, **minacciando** di uccidere tutti se il gruppo non avesse consegnato gli ebrei che i tedeschi sospettavano essere nascosti lì con loro. Mia madre, che
10 parlava un ottimo tedesco, li affrontò ordinandogli di abbassare le armi, e dicendo che tra loro non c'era nessun ebreo. Davanti ai suoi occhi, i soldati tedeschi abbassarono i fucili e se ne andarono. Ricordo che bastò quel racconto a far crescere in me la paura, non solo per mia madre e per il pericolo che aveva corso, ma anche per me stessa. Come avrei mai potuto essere all'altezza di quell'esempio di coraggio?
Era il 1967, e un gruppo di generali greci aveva appena realizzato un colpo di stato, instaurando una
15 dittatura ad Atene, la città dove all'epoca vivevo. Era stato imposto il coprifuoco, e c'erano soldati che stazionavano a ogni angolo. Avevo 17 anni ed ero **intimorita**, combattuta tra la paura che mi **paralizzava** e il desiderio di ignorare il coprifuoco per recarmi a piedi alle mie lezioni di economia, così da realizzare il sogno di andare all'università a Cambridge. Scegliendo di ignorare il coprifuoco, andai a scuola ugualmente.
20 Quando infine arrivai a Cambridge, mi innamorai immediatamente della Cambridge Union, la celebre organizzazione studentesca specializzata in dibattiti. Tuttavia, la Cambridge Union non si innamorò subito di me. Ancor prima di avviare quella storia d'amore non corrisposto, dovetti superare l'ostacolo del mio forte accento greco, in un mondo dove l'accento contava realmente. Ancor più importante, dovetti superare la paura delle critiche e della **derisione**. Sapevo che se non ci fossi riuscita non avrei
25 mai trovato il coraggio di parlare in pubblico.

Nel 1988, quando pubblicai il mio libro su Picasso, mi ritrovai coinvolta in una battaglia con il potere dell'ambiente letterario. Il peccato da me commesso era stato osare criticare Picasso come uomo, pur riconoscendone il genio artistico. Il libro si intitolava *Picasso. Creatore e distruttore* e il mondo dell'arte non mi perdonò di aver voluto esplorare la sua parte distruttiva, un aspetto non trascurabile della vita
30 di Picasso. L'esperienza con Picasso suscitò in me due paure: quella della **disapprovazione** da parte di persone che apprezzavo e rispettavo, e la paura di ritrovarmi intrappolata in una polemica pubblica.
Ma la paura più grande - davanti alla possibilità di una perdita immensa, e all'impossibilità di fare qualcosa per impedirla - la conobbi quando la più piccola delle mie due figlie, Isabella, non aveva ancora un anno. Una sera, in modo del tutto inaspettato, Isabella ebbe una grave crisi provocata dalla febbre.
35 Ero sola con lei. Vedendo la mia bambina diventare livida, rendendomi conto che non riusciva più a respirare, rimasi di ghiaccio.
Mia madre, che ha vissuto al mio fianco buona parte della mia vita - il matrimonio, i figli e poi il divorzio - è morta nel 2000. La sua morte mi ha costretto ad affrontare la mia paura più profonda: quella di continuare a vivere senza la persona che della mia vita era stata le fondamenta. L'ho persa, e ho dovuto
40 andare avanti senza di lei. Ma il modo in cui lei ha vissuto la sua vita e affrontato la morte mi hanno insegnato moltissimo su ciò che significa vincere la paura.

adattato da Arianna Huffington, in *Dmemory, La Repubblica*, 16/03/2013, tradotto da M. Colombo

3 ▸ **Segna con una *X* l'affermazione corretta e motiva la tua risposta con le parole del testo. Poi confrontati con un compagno.**

1. Arianna ricorda di aver avuto veramente paura
- ☐ **a.** durante la Guerra civile greca degli anni '40.
- ☐ **b.** dopo un racconto della madre.
- ☐ **c.** mentre era volontaria della Croce Rossa greca.

2. All'età di 17 anni Arianna
- ☐ **a.** si è iscritta all'università di Cambridge.
- ☐ **b.** è uscita di casa, nonostante i divieti.
- ☐ **c.** è stata arrestata da un gruppo di generali greci.

3. Alla Cambridge Union Arianna
- ☐ **a.** si è innamorata per la prima volta.
- ☐ **b.** ha vinto la paura di parlare in pubblico.
- ☐ **c.** ha dovuto parlare solamente in greco.

4. Nel suo libro su Picasso Arianna ha criticato
- ☐ **a.** Picasso come uomo, non come artista.
- ☐ **b.** l'ambiente letterario internazionale.
- ☐ **c.** le capacità artistiche del pittore spagnolo.

5. Arianna è rimasta terrorizzata dalla paura
- ☐ **a.** quando la figlia minore si è ammalata.
- ☐ **b.** durante la festa di compleanno della figlia.
- ☐ **c.** per la morte della figlia maggiore.

6. Arianna ha imparato ad affrontare la paura
- ☐ **a.** durante la vita matrimoniale.
- ☐ **b.** dopo il divorzio dal marito.
- ☐ **c.** dall'esempio della madre.

4 ▸ **Individua le sequenze in cui è suddiviso il testo. Assegna un titolo ad ognuna o scrivi una frase che ne sintetizzi il contenuto. Se hai difficoltà a capire il lessico, le attività 5 e 6 ti possono aiutare.**

1. *Le molte paure di Arianna*
2. ______
3. ______
4. ______
5. ______
6. ______
7. ______
8. *L'esempio della madre per vincere la paura*

5 ▸ **Come giudichi le paure di Arianna: banali, strane, significative o...? Confronta la tua scelta con un compagno e motivala.**

6 ▸ **Trascrivi accanto a ogni espressione le parole corrispondenti del testo.**

derisione | disapprovazione | intimorito | irrefrenabile | minacciare | paralizzare

a. incontrollabile, che non si riesce a frenare ______
b. spaventare qualcuno per costringerlo a fare qualcosa ______
c. impaurito ______
d. bloccare, immobilizzare ______
e. presa in giro ______
f. giudizio morale negativo ______

7 ▸ **Completa le frasi con le parole date. Fai attenzione alle concordanze.**

disapprovare | irrefrenabile | minacciare | paralizzato | intimorito

1. Andrea mi sembra un po' ______ dal professore di matematica. Non capisco perché: in fondo il nuovo insegnante non è così severo!
2. Quando vedo un serpente provo un istinto ______ di scappare.
3. ______ quando qualcuno fuma in presenza di bambini.
4. Mio padre mi ha ______ di togliermi la paghetta per un anno se non sarò promosso.
5. Tutte le volte che vedo un ragno rimango ______ dalla paura.

8 ▸ **Scegli una delle due proposte.**

a. **In coppia: simula l'intervista tra il conduttore di un programma radiofonico e la giornalista Arianna Huffington. Aiutati con una scaletta o uno schema.**

Ruolo del **conduttore**: stimolare le risposte con domande o brevi commenti.

per iniziare

È qui con noi oggi in studio...
Abbiamo il piacere di intervistare oggi...

per domandare e commentare

Qual è stato/-a...?
Immagino che sia stato...
Quale altra paura ha dovuto superare?
Deve essere stato davvero...

Ruolo dell'**intervistato**: rispondere rielaborando le informazioni del testo.

b. **Trascrivi il contenuto dell'articolo sotto forma di intervista di giornale.**
Ruolo dell'intervistatore: introdurre le risposte con opportune domande o brevi commenti.

per domandare e commentare

Qual è stato/-a... ?
Immagino che sia stato...
Quale altra paura ha vissuto?
Deve essere stato davvero...
Che cosa Le ha insegnato...?

9 ▸ **Un tuo amico ultimamente sta vivendo un periodo difficile, in cui tutto sembra andargli male: in famiglia, a scuola, con gli amici. Ha mille paure, si sente insicuro e preoccupato. Scrivigli una e-mail (circa 150 parole).**

Ricordati di:
- esprimere la tua comprensione
- cercare di tranquillizzarlo
- raccontare alcune tue paure del passato e spiegare come sei riuscito a superarle

10 ▸ **Rileggi il testo dell'attività 2 e sottolinea con colori diversi questi temi verbali: passato prossimo, passato remoto, imperfetto e trapassato prossimo. Discutete poi in plenaria perché vengono usati quattro tempi verbali diversi.**

UNITÀ 1. QUANTE PAURE!

PERCORSO B Senza paura

IN QUESTO PERCORSO
IMPARI A

- cogliere il messaggio di una canzone
- parlare delle tue paure
- confortare e dare consig

1 ▸ **In coppia. Con l'aiuto delle immagini e delle frasi di esempio, racconta al compagno quali erano le tue paure da piccolo e come ti comportavi.**

ladro | lupo cattivo | tuono | spettro | uomo nero | fantasma
ago | lampo | temporale | iniezione | scuola | buio

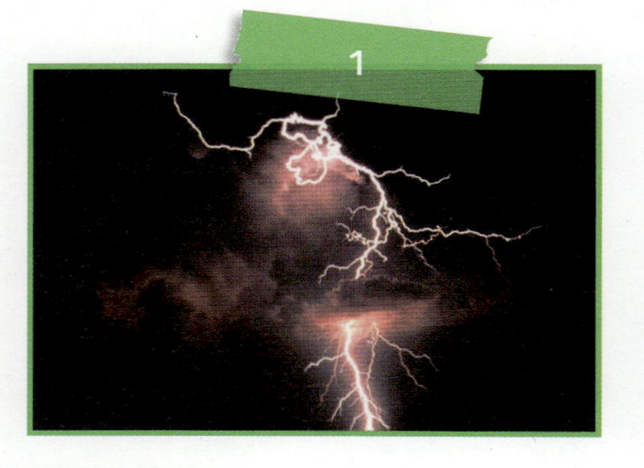

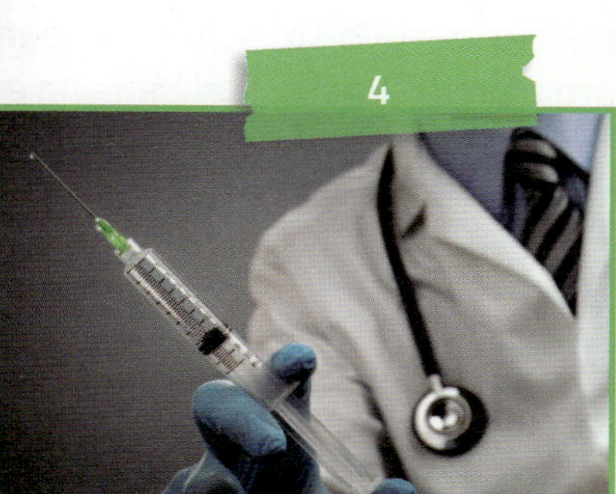

per comunicare

Quando ero piccolo/-a avevo paura di...

Tutte le volte che (i miei genitori mi lasciavano) avevo paura che (non tornassero)...

Mi spaventavo se...

Avevo il terrore di...

Mi veniva l'ansia se...

Quando avevo paura (correvo dalla mamma, pensavo ad altro, ecc.)...

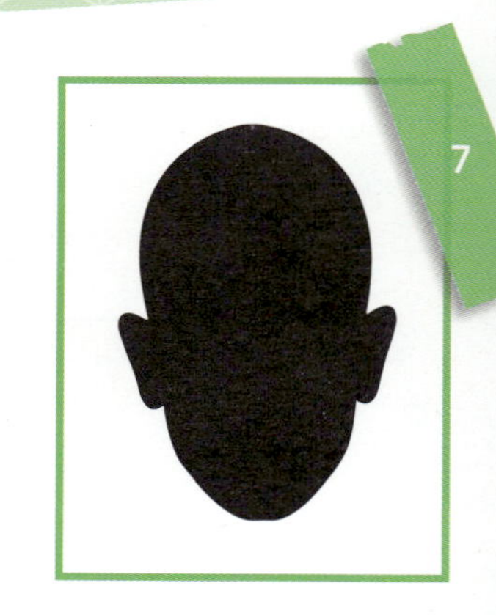

01

2 ▸ **Ascolta la canzone *Senza paura* e annota i diversi tipi di paura.**

____

____

____

3 ▸ **Scopri quali paure citate nella canzone non sono rappresentate dalle immagini nell'attività 1.**

4 ▸ **Ascolta un'altra volta la canzone e completa il testo con le parole mancanti.**

SENZA PAURA

(Ornella Vanoni feat. Fiorella Mannoia)
(titolo originale *Sem mêdo* di V.de Moraes – Toquinho)

Ma come fai quando tu sei bambino
a prendere 1. ______________________
e fede nel destino
se papà ti mette per
2. ______________________ al buio,
poi ti mette a letto: "Zitto che c'è il lupo,
zitto che c'è il lupo, zitto che c'è il lupo".
E la mamma dice: "Chiamo l'uomo nero,
chiamo il babau, ti mangia tutto
3. ______________________
nella notte scura, ti fa la puntura,
ti fa la puntura, ti fa la puntura".

Ma passa per il buio senza paura,
ma passa per il buio senza paura,
ma passa per il buio senza paura.

Poi all'improvviso ti arriva l'età
di amare follemente
l' 4. ______________________ che non va
e non c'è via d'uscita né di qua né di là;
tuo padre 5. ______________________,
tua madre pregherà, tua madre pregherà,
tua madre pregherà.
L'amante poi si butta giù dal fabbricato
perché quello che è
6. ______________________ diventa
complicato, dato che la vita è dura,
che la vita è dura, che la vita è dura.

Ma passa per l'amore senza paura,
ma passa per l'amore senza paura,
ma passa per l'amore senza paura.

Il pericolo c'è e fa parte del
7. ______________________,
tu non farci caso se no vivi poco,
tieni sempre duro, comincia di nuovo,
comincia di nuovo, comincia di nuovo.
Anche per la strada tu stai rischiando,
stai 8. ______________________,
stai rimuginando,
passa la vettura della spazzatura,
ed il 9. ______________________
aumenta l'andatura, aumenta l'andatura,
aumenta l'andatura.

Ma vai per la tua strada senza paura,
ma vai per la tua strada senza paura,
ma vai per la tua strada senza paura.

Ed un bel giorno di qualunque settimana,
ed un bel giorno di qualunque settimana,
battono alla porta, battono alla porta;
è un telegramma, è lei, ti sta chiamando,
è un telegramma, è lei, ti sta chiamando.
Per uno viene 10. ______________________,
per l'altro tardi, comunque presto o tardi,
tranquilla e sicura, viene senza avviso,
viene e ti cattura, viene e ti cattura,
viene e ti cattura.

Ma passa per la morte senza paura,
ma passa per la morte senza paura,
ma passa per la morte senza paura,
ma passa per il buio senza paura.

5 ▸ **In piccolo gruppo. Trovate nel testo le espressioni corrispondenti a quelle indicate, come nell'esempio.**

1. avere fiducia nella vita	a. *prendere coraggio e fede nel destino*
2. non c'è assolutamente soluzione	b.
3. appartiene al normale svolgimento delle cose	c.
4. non prestarci troppa attenzione	d.
5. insisti, non arrenderti	e.
6. stai riflettendo	f.
7. accelera	g.
8. di sorpresa, inaspettatamente	h.
9. ti prende e non ti lascia più andare	i.

6 ▸ **Scegli con una *X* l'affermazione corretta e motiva la tua risposta con le parole del testo. Poi confrontati c un compagno.**

1. Secondo gli autori del testo
   - ☐ **a.** da piccoli è facile crescere fiduciosi e sicuri nella vita.
   - ☐ **b.** da piccoli è difficile crescere fiduciosi e sicuri nella vita.

2. Nella canzone l'*età dell'amore* è descritta come
   - ☐ **a.** una stagione serena e felice.
   - ☐ **b.** un periodo buio e difficile.

3. La canzone si chiude con l'immagine
   - ☐ **a.** della morte che chiama la protagonista attraverso un telegramma.
   - ☐ **b.** del postino che bussa alla porta e porta un telegramma alla protagonista.

4. Il messaggio della canzone è che
   - ☐ **a.** si deve avere fiducia e fede nel destino nonostante le difficoltà che la vita ci riserva.
   - ☐ **b.** è inutile avere fiducia e fede nel destino perché la vita è dura e piena di difficoltà

➡ Nel testo interpretato da Ornella Vanoni si parla delle paure che si provano da bambini e poi da adulti.

7 ▸ **In coppia o in piccolo gruppo. Riflettete su come sono cambiate le vostre paure da quando eravate piccoli ad ora.**

per comunicare

Quando ero piccolo/-a... ora invece...
A differenza di quando ero piccolo/-a, adesso...
Anche oggi come allora...

IL CONDIZIONALE PRESENTE

Ricorda che per dare un consiglio si usa il **condizionale presente**.

*Secondo me non **dovresti** aver paura di volare.*
*Florian **dovrebbe** essere più gentile.*
***Dovresti** impegnarti di più.*
*Fossi nei tuoi panni **farei** più attenzione.*

8 ▸ **Dai a Mark e a Ivan i consigli più adatti alla loro situazione. Scegli tra quelli elencati.**

SITUAZIONE	CONSIGLIO
1. Mark teme di non riuscire a superare l'esame di recupero di italiano *Mark, al posto tuo io...*	**a.** *spedirei il mio curriculum vitae.*
2. Ivan è molto ansioso perché vuole raggiungere la media dell'otto *Ivan, secondo me...*	**b.** *non dovresti preoccuparti così tanto.*
3. Mark non riesce ad addormentarsi la sera *Mark, al posto tuo io...*	**c.** *prenderei lezioni private da un insegnante.*
4. Ivan ha paura di non trovare un posto per il tirocinio in azienda *Ivan, secondo me...*	**d.** *ascolterei una musica rilassante.*
	e. *dovresti consultare un giornale di annunci economici.*
	f. *dovresti fare una passeggiata.*

9 ▸ **In coppia o in piccolo gruppo. Scegli una situazione che ti mette paura (interrogazione, parlare di fronte agli altri, stare solo in casa...). Descrivi le tue sensazioni e cosa ti spaventa particolarmente. Il compagno cerca di darti dei consigli.**

per comunicare

Dovresti...
Perché non provi a...?
Hai mai provato a...?
Al posto tuo cercherei di...

UNITÀ 2. EFFETTO MUSICA

PERCORSO A La paura corre sulle note

IN QUESTO PERCORSO
IMPARI A
- conoscere il lessico musicale
- individuare i mezzi tecn[...] usati dal compositore p[...] suscitare emozioni
- esprimere le sensazioni provate nell'ascolto di diversi tipi di musica

02/05

1 **Ascolterai quattro tracce audio. Abbina ogni traccia al titolo corrispondente e indica per ciascuna quale emozione ti suscita. Poi confronta con un compagno.**

AUDIO	TITOLO	EMOZIONE
	La Traviata melodramma di Giuseppe Verdi	
	Per qualche dollaro in più colonna sonora di Ennio Morricone	
	Aprés une lecture de Dante *(Da una lettura di Dante)* composizione per pianoforte di Franz Liszt	
	Stabat Mater composizione di musica sacra per soli, coro e orchestra di Gioachino Rossini	

2 **Leggi il testo e poi elenca, nella pagina accanto, le emozioni che Gianluca prova quando ascolta musica e i mezzi tecnici che le suscitano.**

Salve, mi chiamo Gianluca, ho 17 anni e sono di Verona. Ieri ho visto un vecchio film western, uno spaghetti western, con una colonna sonora da paura! L'inizio era caratterizzato da un ritmo trottante delle percussioni che mi creava delle sensazioni di attesa. Infatti poi sono seguiti dei colpi di arma da fuoco tipici dei film western. Incuriosito, (5) il giorno dopo ne ho voluto parlare con mio cugino che studia al conservatorio. Lui mi ha confermato che nel brano di Ennio Morricone il ritmo, il timbro di alcuni strumenti musicali come la chitarra e il flauto e gli effetti sonori delle armi sono degli ingredienti che i compositori usano per suscitare diverse emozioni come la paura, l'ansia, l'attesa.
Poi ve ne racconto un'altra. Non sono appassionato di musica lirica ma la mia ragazza sì. (10) Lei, che studia musica da cinque anni, ha voluto che l'accompagnassi a vedere un'opera lirica all'Arena. Era estate, faceva caldo e le bibite costavano un occhio della testa. Abbiamo ascoltato La Traviata di Giuseppe Verdi. La voce tremante di Violetta ci ha fatto quasi piangere. Lucia mi ha spiegato che Violetta cantava così perché aveva paura di perdere l'amore di Alfredo. Io non capivo nulla di ciò che cantava ma la melodia e il timbro di tutti (15) quegli strumenti dell'orchestra mi hanno trasmesso perfettamente le sensazioni ed emozioni che Violetta provava ed esprimeva con il suo canto.
Vi dico la verità: le lezioni di mio cugino e di Lucia sono servite. Mi hanno fatto capire che ci sono degli ingredienti musicali, come il ritmo e la melodia, che provocano emozioni e sensazioni. E questi elementi con i nomi un po' difficili si possono trovare anche nelle (20) canzoni che ascolto io.

EMOZIONI	MEZZI TECNICI

➡ Il compositore è un artista che riesce a suscitare emozioni e sentimenti grazie all'uso di particolari mezzi tecnici musicali come il ritmo, la melodia, le armonie.
Ecco un glossario musicale e alcuni esempi di relazione tra gli "ingredienti musicali" e alcune sensazioni suscitate nelle composizioni ascoltate.

LESSICO MUSICALE

RITMO movimento regolare della musica
MELODIA canto ad una voce di un cantante o di uno strumento musicale
ARMONIE MINORI gruppi di note suonate insieme che comunicano sensazioni come preoccupazione, dolore, angoscia, paura
COLORI MUSICALI differenze di intensità musicale (*pianissimo, piano, fortissimo*)
SUONI STACCATI note suonate con effetto "saltellante"
TIMBRO DI UNO STRUMENTO la voce di uno strumento musicale
MELODIE CROMATICHE melodie dove sono suonate tutte le note vicine tra una più alta (acuta) e una più bassa (grave) o viceversa

Esempi di relazione

INGREDIENTI MUSICALI	SENSAZIONI
ritmo	angoscia, ansia
melodia	tristezza, sconforto
armonie minori	dolore, preoccupazione
colori musicali (*piano, fortissimo*...)	timore, turbamento
suoni staccati	paura di un pericolo incombente
timbro degli strumenti	spavento, terrore, sgomento
melodie cromatiche	minaccia, rischio

3 ▸ **Riascolta i quattro brani dell'attività 1. Usa il glossario e gli esempi di relazione dati e completa la tabella. Poi confronta con i compagni.**

COMPOSIZIONI MUSICALI	INGREDIENTI MUSICALI	SENSAZIONI
La Traviata melodramma di Giuseppe Verdi		
Per qualche dollaro in più film, colonna sonora di Ennio Morricone		
Aprés une lecture de Dante composizione per pianoforte di Franz Liszt		
Stabat Mater composizione di musica sacra per soli, coro e orchestra di Gioachino Rossini		

4 ▸ **Scegli un tuo brano preferito e descrivi gli ingredienti musicali e le sensazioni che suscitano in te.**

UNITÀ 2. EFFETTO MUSICA

PERCORSO B I timori nei personaggi de *La Traviata*

IN QUESTO PERCORSO
IMPARI A
- consultare una locandina e un programma di sala
- scrivere una e-mail
- argomentare e sostenere il tuo punto di vista
- assumere il punto di vista di un personaggio

1 ▸ **Osserva la locandina.**

- Individua gli elementi contenuti in una locandina.
- Spiega quale è la sua funzione.
- Illustra un'occasione in cui a scuola sarebbe utile prepararne una.

2 ▸ **Leggi la locandina e completa.**

Titolo dell'opera ____________
Regista ____________
Compositore della musica ____________
Luogo della rappresentazione ____________
Nome del direttore d'orchestra ____________
Data della rappresentazione ____________

GIUSEPPE VERDI
(1813-1901)

Il libretto dell'opera in tre atti, di Francesco Maria Piave, è basato sulle vicende del romanzo francese *La signora delle camelie* di Alexandre Dumas (figlio). La musica è stata composta da Giuseppe Verdi tra il 1852 e il 1853. Alla prima rappresentazione l'opera non ha avuto successo. Oggi, invece, *La Traviata* è uno dei melodrammi più eseguiti in tutto il mondo.

3 ▸ **Leggi il programma di sala e completa la tabella sotto. Poi confronta con un compagno.**

PROGRAMMA DI SALA

PRIMO ATTO – La scena del melodramma *La Traviata* è ambientata a Parigi a metà Ottocento. Il sipario si apre sull'elegante salone di Violetta Valéry, la protagonista dell'opera. Arrivano molti ospiti e, tra questi, Alfredo Gérmont, che **si era recato** più volte a casa di Violetta durante la sua precedente malattia. Si tratta, comunque, di una festa e Alfredo, invitato da Violetta, intona un
5 brindisi. **Successivamente** la scena si trasferisce nel salone delle danze: il focus teatrale resta sui soli Alfredo e Violetta. Qui il giovane **dichiara il suo amore** a Violetta.
Violetta è **indecisa** ma dopo dà un appuntamento ad Alfredo per il giorno successivo. Ormai è l'alba e gli ospiti vanno via. Violetta teme una vera storia d'amore e canta di voler essere "sempre libera".
SECONDO ATTO – La scena del melodramma è ambientata nella campagna di Parigi. Alfredo
10 e Violetta vivono insieme: anche la donna si è ormai innamorata del giovane francese. Ci sono, tuttavia, dei problemi economici: la serva Annina **giunge** nel luogo dove i due abitano e comunica di aver venduto tutti i beni di Violetta. Alfredo parte subito per Parigi **per rimediare** alla situazione. Intanto entra in scena il padre di Alfredo, Giorgio Gérmont, che accusa Violetta **di aver plagiato** il giovane e di aver gettato cattiva luce sulla reputazione della famiglia. Gérmont padre ha paura del
15 giudizio degli altri. Violetta è scossa, Gérmont le chiede di lasciare suo figlio e, dopo innumerevoli resistenze, Violetta accetta. La giovane cortigiana ha paura del padre di Alfredo: teme di distruggere i sogni di un padre e accetta di lasciare Alfredo, il suo bene più grande. Alfredo ritorna da Parigi, ma Violetta non sa comunicargli la sua decisione: gli scrive una lettera, in cui non gli spiega il motivo della sua scelta. La donna, allora, scappa a Parigi, dopo la famosa dichiarazione d'amore "Amami
20 Alfredo!". L'atto secondo **si conclude** con la lettura del messaggio da parte di Alfredo. Lui è furioso e si reca a Parigi, dove **offende** pubblicamente Violetta durante una festa a casa dell'amica Flora.
TERZO ATTO – Nell'atto che segna **l'epilogo tragico**, Violetta è malata di tisi, sta morendo e intona l'aria "Addio del passato". In questo pezzo la donna esprime la paura della perdita dei bei momenti vissuti. Lei ha paura di perdere ciò che di meraviglioso ha vissuto. Al termine Giorgio
25 Gérmont rivela tutta la verità al figlio, che corre tra le braccia di Violetta. Ormai è troppo tardi. Alfredo teme di perdere per sempre la sua amata. Violetta muore delirando.

COSA TEME VIOLETTA	COSA TEME ALFREDO	COSA TEME GIORGIO GÉRMONT PADRE DI ALFREDO

4 ▸ **Per ogni espressione elencata, trascrivi il sinonimo corrispondente evidenziato nel programma di sala dell'attività 3.**

1. il finale di morte	________	**6.** poco convinta	________
2. era andato	________	**7.** per trovare una soluzione	________
3. arriva	________	**8.** finisce	________
4. dopo	________	**9.** insulta	________
5. rivela il suo amore	________	**10.** manipolato	________

5 ▸ **Guarda le tre sequenze tratte da *La Traviata*. Dai loro un titolo e collega ogni filmato all'atto corrispondente.**

FILMATO	TITOLO	ATTO
1	________	________
2	________	________
3	________	________

6 ▸ **Scegli una delle due proposte.**

a. **Hai assistito alla rappresentazione de *La Traviata*. Scrivi una e-mail a un amico o a un'amica che l'ha già vista.**

- racconta e commenta le decisioni prese dai protagonisti
- esprimi cosa avresti fatto tu al loro posto (120-150 parole)

b. **Cosa faresti se...**
In piccolo gruppo. Scegliete un personaggio dell'opera e mettetevi nei suoi panni. Spiegate come vi comportereste nelle diverse situazioni.

per comunicare

Se fossi... farei...
Se mi trovassi nella situazione di... cercherei di...
Al suo posto io...
Secondo me avrebbe dovuto...
Credo che / Penso che / Ritengo che / Sono dell'opinione che...
Immagino che ...

UNITÀ 3. EFFETTO CINEMA

PERCORSO A La forza della paura

IN QUESTO PERCORSO
IMPARI A

- fare ipotesi sul contenu[to] di un film a partire dal s[uo] trailer
- analizzare singole scen[e] del film
- trasformare scene del fi[lm] in un testo descrittivo e narrativo

1 ▸ **Osserva la locandina e fai delle ipotesi sul contenuto del film.**

MARCO TULLIO GIORDANA

Regista e sceneggiatore italiano, ha diretto pellicole di grande successo e di grande impegno storico e sociale, ad esempio *I cento passi*, *La meglio gioventù* e *Romanzo di una strage*, ottenendo anche importanti riconoscimenti internazionali.

Nel 2005 con il film *Quando sei nato non puoi più nasconderti* ha partecipato al Festival di Cannes. Il suo ultimo film, intitolato *Nome di donna*, è uscito nel 2018.

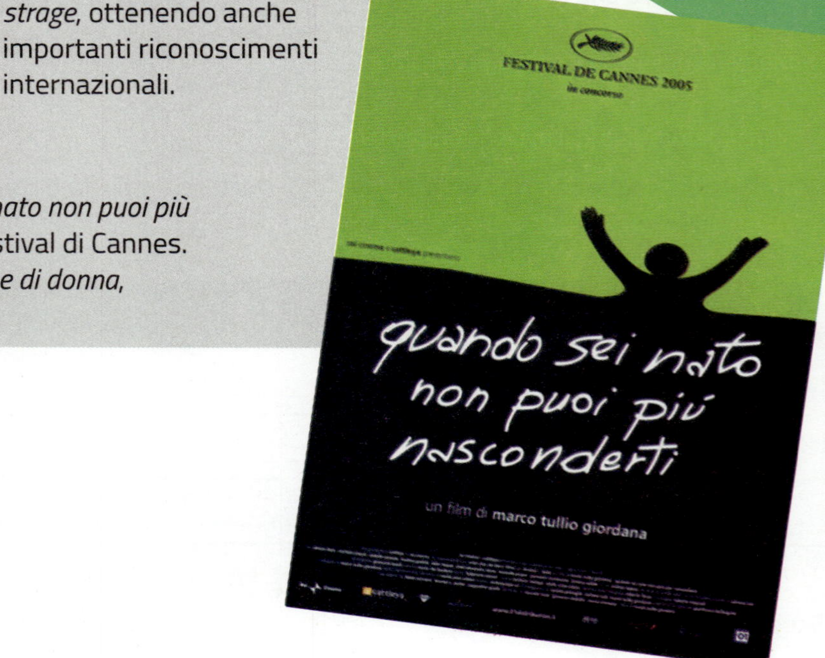

2 ▸ **Guarda il trailer e fai delle ipotesi sul contenuto del film. Aiutati con le domande-guida. Poi confronta con un compagno.**

09

- Con quale immagine si apre il trailer di questo film?
- Com'è l'atmosfera delle immagini iniziali? (rilassata, giocosa, spensierata, drammatica, triste...)
- Dove ci troviamo secondo te? (nell'oceano, in un mare più piccolo, in un lago...)
- Il trailer presenta il protagonista del film. Fanne un breve ritratto indicando età, provenienza, condizione sociale.
- È possibile capire qual è l'evento che mette in moto l'intera vicenda?
- Secondo te chi sono gli altri due ragazzi che a un certo punto si vedono nel trailer?
- Secondo te che tipo di film è quello anticipato dal trailer?

☐ FANTASCIENZA	☐ AZIONE	☐ AMORE	☐ GIALLO	☐ ORRORE
☐ THRILLER	☐ COMMEDIA	☐ AVVENTURA	☐ ANIMAZIONE	☐ DRAMMATICO

3 ▸ **Verifica le tue ipotesi: completa la breve presentazione del film con le parole elencate in disordine.**

omonimo | Mediterraneo | annegato | nascondendoti | crociera | terrorizzato
africana | benestanti | adolescente | orrore | imprenditore | migrante

Quando sei nato non puoi più nasconderti è un film ispirato al romanzo **1.** ____________________ di Maria Pace Ottieri.

Il titolo è la traduzione di un'espressione **2.** ____________________ sentita dal giovane protagonista all'inizio del film da un **3.** ____________________ incontrato a Brescia, la sua città. Significa che la vita va affrontata e che non puoi sfuggire alle difficoltà **4.** ____________________ o evitando di fare le tue scelte, ma devi anche avere il coraggio di assumerti le tue responsabilità di fronte a ciò che ti succede e di fronte a chi ti circonda.

Il protagonista del film è Sandro, un ragazzo di tredici anni, figlio unico di genitori **5.** ____________________, tipico **6.** ____________________ italiano che si divide fra scuola, allenamenti di nuoto e videogiochi

Il padre, Bruno, è un piccolo **7.** ____________________ e la madre, Lucia, si occupa dell'amministrazione dell'azienda di famiglia.

Durante una **8.** ____________________ in barca a vela nel **9.** ____________________ con il padre e con un amico di famiglia, una notte Sandro cade in mare. È **10.** ____________________, grida disperatamente quanto inutilmente aiuto, perché sulla barca non riescono a sentirlo. È solo la sua buona condizione fisica che gli consente di restare a galla per un tempo che sembra lunghissimo, ma a un certo punto ha persino le allucinazioni e chiama più volte la mamma.

Intanto sulla barca a vela il viaggio prosegue con tranquillità e passa parecchio tempo prima che suo padre capisca quello che è successo. I due uomini girano immediatamente la barca, ma è troppo tardi e non riescono a trovarlo; con **11.** ____________________ si rendono conto che il bambino dev'essere **12.** ____________________.

4 ▸ **Segna con una *X* se le affermazioni sono vere (V) o false (F) e correggi quelle che ritieni false.**

		V	F
1.	Il film si ispira a un romanzo che ha lo stesso titolo. ____________________		
2.	Il titolo è la frase che il giovane protagonista ha imparato da un compagno di classe africano. ____________________		
3.	La madre del protagonista fa la casalinga. ____________________		
4.	Il giovane protagonista del film è un adolescente italiano. ____________________		
5.	Il giovane fa una crociera nel mare Adriatico insieme ai suoi genitori. ____________________		
6.	Una notte il ragazzo cade in mare e cerca disperatamente aiuto. ____________________		

5 ▸ **Completa le frasi con le espressioni contenute nella presentazione del film (attività 3).**

1. Sandro non ha né fratelli né sorelle quindi è ______________________.
2. Le persone che hanno un certo benessere economico come i genitori di Sandro sono dette ______________________.
3. I ragazzi che hanno fra i tredici e i sedici anni sono ______________________.
4. Il padre di Sandro possiede una fabbrica, quindi è un ______________________.
5. Un viaggio in mare su una nave è una ______________________.
6. Il mare che si trova fra l'Italia e l'Africa è il Mar ______________________
7. Quando uno è molto spaventato, come Sandro quella notte, si dice che è ______________________
8. Quando qualcuno è sotto shock e vede cose e / o persone che non esistono si dice che ha le ______________________
9. Riuscire a nuotare e a rimanere sulla superficie del mare senza andare a fondo si dice ______________________
10. Andare a fondo si dice ______________________

6 ▸ **Guarda la prima sequenza del film e completa la tabella, come negli esempi. Poi confronta con un compagno.**

10

	IN MARE	SULLA BARCA
atmosfera / situazione		
rumori di sottofondo		
che cosa fanno e dicono	*Sandro cerca di stare a galla* *Grida aiuto*	*Il padre e l'amico parlano della rotta da seguire* *Dopo un po'*
il finale	*Sandro inizia ad andare a fondo*	

7 ▸ **Descrivi in un testo di circa 120 parole la paura del protagonista che sta annegando, esprimendo in prima persona i suoi pensieri e le sue emozioni.**

8 ▸ **Per sapere che cosa è successo veramente a Sandro ricostruisci il testo. Solo le frasi della prima colonna sono nel giusto ordine. Poi confronta con un compagno.**

1. Invece Sandro	**a.** un giovane rumeno
2. Infatti	**b.** si tuffa e lo porta a bordo
3. A salvarlo è Radu,	**c.** riesce a salvarsi
4. Il ragazzo	**d.** un drammatico viaggio di ritorno verso l'Italia
5. Inizia così	**e.** viene avvistato da un barcone di migranti

1 ▸ ______
2 ▸ ______
3 ▸ ______
4 ▸ ______
5 ▸ ______

9 ▸ **Ricostruisci il testo completo usando le informazioni dell'attività precedente e integrandole con le seguenti cinque espressioni.**

clandestini | di diciassette anni | che viaggia in compagnia della sorella minore, Alina
nonostante la reazione degli scafisti che vorrebbero tirare dritto | per Sandro

Invece Sandro... ____

____

____

____

____

10 ▸ **Scopri come continua la vicenda di Sandro: guarda la seconda sequenza e riordina le scene.**

a. I due scafisti parlano del ragazzo ritrovato.

b. I due scafisti si rivolgono a Sandro chiedendogli informazioni.

c. Interviene Radu, dicendo che il ragazzo è curdo come lui e apparentemente traduce agli scafisti ciò che il ragazzo dice in curdo.

d. Sandro ascolta quello che si dicono i due ed è spaventato.

e. Radu regala a Sandro alcuni suoi vestiti così può cambiarsi e diventa a tutti gli effetti uno di loro.

f. Uno dei due scafisti si lamenta del fatto che il ragazzo non porti scarpe, perché dalle scarpe si riuscirebbe a capire se è ricco o meno e se varrebbe la pena organizzare un sequestro.

g. Sandro non risponde, è ancora più spaventato e continua a ripetere la stessa frase alzando sempre più il tono di voce.

h. Radu e Sandro iniziano a parlare, prima in inglese e solo dopo in italiano.

1	2	3	4	5	6	7	8
a	____	____	____	____	____	____	____

11 ▸ Ricostruisci le quattro battute che si scambiano Sandro e Radu durante la loro prima conversazione. Poi confronta con un compagno.

SANDRO	RADU
1. Chi sono?	**a.** Lavora in fabbrica.
2. Dove è diretta questa barca?	**b.** In Italia.
3. Che lavoro fa?	**c.** Loro organizzano viaggio, brutta gente.
4. Sto pregando.	**d.** Stai male?

1 ▸ ______
2 ▸ ______
3 ▸ ______
4 ▸ ______

12 ▸ In coppia. Ciascuna delle tre immagini rappresenta un momento importante della terza sequenza. Guarda le immagini e raccontate nel modo più dettagliato possibile che cosa, secondo voi, succede in ognuna.

12

13 ▸ Guarda l'ultima parte del film e rimetti in ordine i titoli delle sequenze che lo compongono.

a. *Un panino, per favore*
b. *Sull'autobus*
c. *Nella stanza di Alina*
d. *A Milano*

1	2	3	4
______	______	______	______

➡ Analizza più dettagliatamente le singole sequenze dell'ultima parte del film.

14 ▸ **Riguarda la prima sequenza (*Sull'autobus*) e verifica gli elementi elencati.**

a. che cosa succede mentre Sandro sta tornando da scuola in autobus
b. chi è all'altro capo del filo
c. quello che l'interlocutore chiede a Sandro di fare
d. che cosa decide di fare Sandro

15 ▸ **Riguarda la seconda sequenza (*A Milano*) e completa il testo con le espressioni mancanti.**

Una volta arrivato a **1.** ______________ Sandro prende un **2.** ______________ che **3.** ______________ porta in periferia all'indirizzo ricevuto da Alina al telefono. Arrivato lì scavalca un **4.** ______________ cancello di ferro ed è come se entrasse in un altro mondo: Sandro **5.** ______________ un grande piazzale che sembra una vecchia stazione dismessa. Tutto intorno ci sono persone di diverse **6.** ______________ si sentono suoni **7.** ______________ lingue sconosciute, Sandro entra in **8.** ______________ edificio che diventa sempre più buio e vede molte altre persone accampate che sembrano non fare **9.** ______________ caso a lui.
C'è gente **10.** ______________ corre, urla, litiga, c'è chi si scalda al fuoco, mentre lui si addentra sempre più nell'edificio.

16 ▸ **Segna con una *X* le affermazioni corrette.**

1. Di fronte alle persone che incontra man mano che si addentra nell'edificio Sandro
☐ **a.** è spaventato e si guarda continuamente intorno in cerca d'aiuto.
☐ **b.** sembra quasi non vedere nessuno.

2. Di fronte al buio che si fa sempre più fitto Sandro
☐ **a.** procede sicuro per la sua strada.
☐ **b.** è intimorito e si ferma spesso.

3. A un certo punto si ferma perché
☐ **a.** tre tizi gli vengono incontro e gli impediscono di proseguire.
☐ **b.** sente le note di una canzone di Eros Ramazzotti.

4. Da quel momento in poi
☐ **a.** inizia a urlare il nome di Alina.
☐ **b.** inizia a scendere le scale di corsa incurante del buio e dei pericoli.

5. Davanti alla porta di Alina
☐ **a.** si mette a battere forte sulla porta urlando il nome di Alina.
☐ **b.** inizia a piangere sfinito inginocchiandosi davanti alla sua porta.

17 ▸ Riguarda la terza sequenza (*Nella stanza di Alina*) e svolgi le attività.

a. Descrivi la scena che appare a Sandro dopo che Alina gli apre la porta. Concentrati soprattutto sulla "nuova Alina" (trucco, pettinatura, abbigliamento, ma anche l'espressione e lo stato d'animo).

b. Individua il gesto ripetuto da Alina per far capire a Sandro che non gli vuole proprio parlare.

c. Elenca le tre domande che Sandro fa ad Alina.

18 ▸ Dopo tutto ciò che ha visto e vissuto, il tredicenne Sandro è diventato a tutti gli effetti un giovane uomo. Riguarda la sequenza finale (*Un panino, per favore*). Elenca e descrivi i segnali di questo cambiamento.

19 ▸ In coppia. Riflettete e commentate. Poi confrontatevi con un'altra coppia.

a. A proposito del finale del suo film, il regista Marco Tullio Giordana ha affermato:
"Il finale originario era più drammatico, ma non mi convinceva. Ho preferito che restasse aperto, perché tocca a noi rispondere. Dagli adolescenti non si può pretendere di più. Sandro e Alina si ribellano a un destino troppo feroce. Resta, in ogni caso, la speranza che il mondo possa essere salvato dai ragazzini".
Spiegate se siete d'accordo con l'opinione di Giordana.

b. Esprimete la vostra opinione sul finale del film e raccontate la vostra conclusione ideale.

c. Indicate quando e dove Sandro ha sentito pronunciare per la prima volta la frase "*Quando sei nato non puoi più nasconderti*" e in che occasione ne ha compreso il senso.

d. Individuate il significato del titolo del film.

e. Sandro non si è "nascosto": ha trasformato la paura in coraggio. Individuate gli episodi che lo dimostrano.

f. Date un voto a questo film. Motivate la vostra valutazione.

20 ▸ Immagina di essere Sandro diventato un ambasciatore dell'ONU che si occupa dei popoli meno fortunati. Durante una delle tante conferenze in giro per il mondo racconta l'episodio che ha cambiato la sua vita e gli ha fatto decidere di occuparsi delle persone più bisognose. Scrivi il testo del suo intervento (150-180 parole).

UNITÀ 4. PAURE E SOGNI IN GRAFICI

PERCORSO A Qualche dato

IN QUESTO PERCORSO
IMPARI A
- leggere un grafico a bar
- interpretare un grafico
- trasporre dati da un tes
  a un grafico e viceversa

1 ▸ **Pensa al tuo futuro e al lavoro che sogni di fare. Considera anche il punto di vista dei tuoi genitori. Completa la tabella e confronta le tue risposte con un compagno.**

LE MIE PAURE RIGUARDO AL MIO FUTURO	LE PAURE DEI MIEI GENITORI RIGUARDO AL MIO FUTURO
______________________ ______________________	______________________ ______________________
IL LAVORO DEI MIEI SOGNI	**IL LAVORO CHE I MIEI GENITORI SOGNANO PER ME**
______________________ ______________________	______________________ ______________________

2 ▸ **Leggi il testo, che riporta alcuni dati provenienti da una ricerca nazionale, e trascrivi le informazioni richieste negli appositi spazi.**

LE PAURE PER IL FUTURO DEI RAGAZZI E GENITORI ITALIANI

I bambini e adolescenti Italiani sono "poveri di futuro", deprivati di opportunità, prospettive e competenze: quasi 1 milione di bambini sotto i 6 anni – pari a 1 su 3 – è a rischio povertà. Il 18% dei ragazzi abbandona la scuola, con 780 mila giovani fermi alla terza media, 3 milioni e 200 mila che non lavorano e non studiano. 1 milione di minori vive in territori altamente inquinati.
5 In questo contesto e nell'intento di disporre di informazioni sulle speranze, le attese e i timori per il futuro dei giovani, **Save the Children** ha promosso una indagine su adulti e ragazzi avente come temi le attese nei confronti del futuro dei ragazzi, l'impatto della crisi sulle famiglie, le contromisure e le conseguenze, il clima e l'ambiente in cui i ragazzi italiani stanno crescendo.
Il documento contiene le evidenze raccolte tra il 15 ed il 20 aprile 2013, su un campione di genitori di
10 minori, di ampiezza pari a 1487 casi, distribuito sul territorio nazionale, nonché un secondo campione di 401 ragazzi.

adattato da *Le paure per il futuro dei ragazzi e genitori italiani*, © 2013 Ipsos

1. Numero di bambini sotto ai 6 anni che sarà povero in futuro ▸ ______________________
2. Percentuale di ragazzi che lascia la scuola prima della sua conclusione ▸ ______________________
3. Numero di studenti che abbandona la scuola a 14 anni ▸ ______________________
4. Numero di giovani che non studia e non lavora ▸ ______________________
5. Numero di ragazzi sotto ai 18 anni che vive in zone a rischio inquinamento ▸ ______________________
6. Periodo in cui è stata effettuata la ricerca ▸ ______________________
7. Numero di genitori che ha partecipato alla ricerca sulle aspettative per il futuro ▸ ______________________

3 ▸ **Il grafico seguente è un istogramma a barre. Analizzalo e individua cosa indica ciascun elemento.**

1. La barra arancione indica ____________________
2. La barra blu indica ____________________
3. La barra rossa indica ____________________
4. I numeri accanto alla barra indicano ____________________

IL FUTURO

Ipsos

Quando pensa al futuro dei suoi figli, quale delle seguenti affermazioni corrisponde meglio a ciò che lei pensa oggi?
Quando pensi al tuo futuro, quale delle seguenti affermazioni corrisponde meglio a ciò che pensi oggi?

GENITORI		FIGLI	
Ho paura che incontreranno più difficoltà rispetto a quelle che abbiamo incontrato noi genitori e questo influirà sul loro futuro.	31% / 11%	Ho paura di incontrare più difficoltà rispetto a quelle che hanno incontrato i miei genitori e questo influirà sul mio futuro.	17%
Dipende da loro: se si impegneranno, potranno riuscire nella vita.	22% / 11%	Dipende da me, se mi impegnerò, potrò riuscire nella vita.	37%
Ho fiducia nel fatto che riusciranno a realizzare i loro sogni e i loro progetti e ad avere una vita migliore della nostra.	16% / 23%	Ho fiducia nel fatto che riuscirò a realizzare i miei sogni e i miei progetti e ad avere una vita migliore di quella dei miei genitori.	12%
Ho paura che incontreranno varie difficoltà, ma che troveranno il modo di cavarsela.	14% / 34%	Ho paura che incontrerò varie difficoltà, ma che troverò il modo di cavarmela.	13%
Ho fiducia nel fatto che riusciranno a realizzare i loro sogni e i loro progetti e a conservare il loro attuale stile di vita.	13% / 17%	Ho fiducia nel fatto che riuscirò a realizzare i miei sogni e i miei progetti e a conservare il mio attuale stile di vita.	15%
Sono molto preoccupato per la loro vita, ho paura che non ce la faranno.	4% / 5%	Sono molto preoccupato per la mia vita, ho paura di non farcela.	6%
Totale intervistati (1487)	Genitori di 14-17enni (395)	Totale intervistati (401)	Save the Children Italia ONLUS

4 ▸ **Interpreta i dati del grafico e ricava le informazioni richieste.**

1. Chi è più ottimista rispetto alla possibilità di riuscire in futuro grazie all'impegno: i genitori o i figli?
2. Ci sono due categorie di genitori nell'intervista. Quale tra le due categorie ha più fiducia che i propri fig se la caveranno?
3. Chi ha più fiducia di poter mantenere l'attuale stile di vita: i genitori o i figli?
4. Chi teme di più che la vita sarà più difficoltosa rispetto al passato: i genitori o i figli?

5 ▸ **Completa il testo con le parole elencate in disordine.**

farcela | timore | rispettivamente | ottimisti | impegnerà | superano | difficoltà | paura | opportunità | cavarsel

PAURA PER IL FUTURO

Circa metà dei genitori esprime dubbi sulle **1.** ____________________ per i figli. Rispetto agli anni in cui tutti erano certi che i propri figli avrebbero avuto la strada spianata, nel dettaglio ben il 31% ha **2.** ____________________ che i propri figli incontreranno molte **3.** ____________________ in più rispetto alle proprie (39% in Emilia Romagna e 34% nel Lazio), il 4% ha addirittura molta paura che non ce la faranno (9% in Liguria e Lazio), ed un 14% ritiene di avere il **4.** ____________________ che i propri figli incontreranno parecchie difficoltà, ma che troveranno un modo per **5.** ____________________ (23% in Sardegna e 20% in Emilia). Solo un 16% pensa che i propri figli riusciranno a realizzare i propri sogni e ad avere una vita migliore di quella dei genitori (leggermente più ottimisti appaiono i genitori lombardi e pugliesi, **6.** ____________________ con il 21 e 20%).Gli adolescenti intervistati risultano più **7.** ____________________ dei genitori, con un 37% di essi che pensa di riuscire nella vita se si **8.** ____________________, ma per più di 1 ragazzo su 3 le paure **9.** ____________________ le speranze (il 17% dichiara di aver paura di incontrare più difficoltà rispetto ai propri genitori, il 13% è certo che troverà molte difficoltà ma che troverà un modo per cavarsela, un 6% dice di essere molto preoccupato per la propria vita e di pensare di non **10.** ____________________).

adattato da *Le paure per il futuro dei ragazzi e genitori italiani*, © 2013 Ipsos

6 ▸ **Leggi il testo che illustra i risultati di una ricerca sul lavoro dei sogni. Poi inserisci le informazioni mancant nel grafico nella pagina accanto.**

IL LAVORO DEI SOGNI

Il futuro professionale dei figli "convinti di farcela" appare decisamente roseo solo al 14% dei genitori (in misura identica a quella dei ragazzi), mentre rispettivamente il 28% dei genitori e il 27% dei ragazzi esprime una certa rassegnazione dicendo che "con la situazione che c'è, dovrà considerarsi fortunato ad avere un lavoro qualsiasi". Per il 36% dei genitori e il 28% dei ragazzi, ci vorrà molto impegno e
5 perseveranza per realizzare le proprie aspirazioni. L'emigrazione, fenomeno in crescita nell'ultimo biennio, viene comunque come terza opzione, sia se la si consideri come progetto di vita "trasferimento all'estero, dove si vive meglio / ci sono maggiori opportunità" (8% dei genitori, 12% dei ragazzi), sia se la si viva come forma di "timore di dover andare all'estero" (rispettivamente il 14% e il 12%).

10

adattato da *Le paure per il futuro dei ragazzi e genitori italiani*, © 2013 Ipsos

IL LAVORO DEI SOGNI

Pensa che suo figlio / i suoi figli un giorno riusciranno a fare il lavoro che sognano?
Se pensi al tuo futuro, immagini che riuscirai a fare il lavoro che sogni?

GENITORI		FIGLI	
Ci vorrà molto impegno e perseveranza per realizzare le loro aspirazioni.	36% / 30%	Ci vorrà molto impegno e perseveranza per realizzare le mie aspirazioni.	28%
Con la situazione che c'è, dovranno considerarsi fortunati se avranno un lavoro.	1. ____% / 13%	Con la situazione che c'è, 2. ____________ fortunato se avrò un lavoro.	27%
Temo che, come molti stanno già facendo, dovranno andare all'estero.	14% / 33%	Temo che, come molti stanno già facendo, dovrò andare all'estero .	3. ____%
Sono convinto che 4. ____________.	14% / 34%	Sono convinto che ce la farò.	5. ____%
Spero che 6. ____________, dove si vive meglio / ci sono maggiori opportunità.	7. ____ / 18%	Spero di 8. ____________, dove si vive meglio / ci sono maggiori opportunità.	12%
Totale intervistati (1359)	Genitori di 14-17enni (389)	Totale intervistati (401)	Save the Children Italia ONLUS

I VERBI PRONOMINALI

Nella lingua parlata si usano spesso alcuni verbi costruiti con un doppio pronome che hanno un significato idiomatico diverso dal significato del verbo usato senza il pronome. Hai già incontrato i verbi ***cavarsela*** e ***farcela***

- *Troverò il modo di cavarmela.*
- *Ho paura che non ce la faranno.*

I verbi più comuni sono:

ANDARSENE = andare via
CAVARSELA = riuscire in qualcosa, uscire da una situazione difficile, saper fare abbastanza bene qualcosa
FARCELA = riuscire a fare bene qualcosa
FREGARSENE = essere indifferenti a qualcosa
METTERCELA TUTTA = fare tutto il possibile
PASSARSELA BENE / MALE = trovarsi in condizioni buone / cattive
PRENDERSELA = arrabbiarsi, offendersi
SENTIRSELA = avere il coraggio di..., sentirsi pronti a...
VEDERSELA BRUTTA = trovarsi in una situazione pericolosa

7 ▸ **Completa coniugando i verbi pronominali.**

mettercela | passarsela | andarsene | vedersela | cavarsela

FINLANDIA, DOVE IL FUTURO AI GIOVANI NON FA PAURA

È una delle economie più solide e competitive d'Europa. Spende il 4% del Pil in ricerca e le sue scuole sono un modello per tutto il mondo. E non è un caso che i giovani qua non abbiano paura del futuro, infatti sono pochi quelli che **1.** ____________________ all'estero in cerca di lavoro. Nicola Rainò, studioso di lingue ugro-finniche vive a Helsinki dal 1994 e parla volentieri del suo Paese adottivo, che molti italiani conoscono solo per il clima rigido. Vivere qui significa anche confrontarsi con una cultura molto rispettosa della privacy che a noi sembra simile a una forma d'introversione. I finlandesi saranno pure introversi, ma di sicuro **2.** ____________________ con l'economia. Tra il 2004 e il 2009 il Pil reale è cresciuto in media dell'1% annuo. Nel 2010, in base ai dati del Fmi, il tasso di crescita ha superato il 3,7%. Nel 2011 il 2,8%. Sempre in base ai dati Eurostat, a luglio il tasso di disoccupazione giovanile finnico (17,8%) era migliore di quello europeo (22,6%), nonché di quello svedese (22,6%), francese (23,4%), italiano (35,3%) e spagnolo (52,9%). Ed infatti i giovani finlandesi **3.** ____________________ meglio dei loro coetanei europei. Almeno sul piano economico. Per affrontare il futuro, i finlandesi possono contare sulle loro scuole e sulla loro tecnologia. «Fin dall'inizio dei miei studi universitari ho dovuto convivere con la consapevolezza che, in Italia, essi non mi avrebbero portato a niente, e che probabilmente non ci sarebbe stato lavoro per me. **4.** ____________________ brutta così ho scelto la Finlandia perché è una terra che pur essendosi modernizzata tardi, ha raggiunto livelli di progresso incredibili. E dove il lavoro è visto come qualcosa di bello, che non serve solo per avere lo stipendio ma risponde proprio a un bisogno della persona». Come Rainò, altri ragazzi italiani **5.** ____________________ tutta per trovare il loro lavoro dei sogni.

Gabriele Catania, adattato da *www.linkiesta.it/Finlandia-welfare-Nokia*

8 ▸ **In coppia. Lo studente A illustra il contenuto del primo grafico (attività 3) allo studente B, poi lo studente B illustra allo studente A il contenuto del secondo grafico (attività 6).**

per comunicare

Mentre i genitori affermano che..., i figli sostengono che...
Se i genitori pensano che..., i figli ritengono che...
I genitori sono convinti che..., i figli, al contrario, credono che...
Secondo i genitori.... Secondo i figli, invece, ...
Da un lato i genitori ..., dall'altro ...
Un'ampia percentuale / Solo una percentuale limitata di genitori ritiene che...
Un'alta percentuale / Una bassa percentuale di giovani è sicura che...

UNITÀ 5. ESPRIMERE E RACCONTARE LA PAURA

PERCORSO A Il senso di smarrimento ne *La Divina Commedia*

IN QUESTO PERCORSO

IMPARI A

- conoscere elementi della grammatica del linguaggio visuale
- descrivere e commentare opere d'arte
- comprendere e interpretare testi descrittivi e poetici
- descrivere ed esporre in modo strutturato argomenti complessi

Il quadro di Henri Matisse, *Violinista alla finestra* (1918), è ospitato presso il Musée National d'Art Moderne di Parigi.

1 **In coppia. Osserva attentamente il quadro, descrivi cosa vedi e segna con una *X* il sentimento che ti ispira.**

- [ ] serenità
- [ ] smarrimento
- [ ] isolamento
- [ ] chiusura
- [ ] apertura
- [ ] altro ______________

2 **Leggi la descrizione e l'interpretazione del quadro, a cura della scrittrice italiana Melania Mazzucco. Il dipinto è del 1918, anno in cui si è conclusa la Prima Guerra Mondiale. Sottolinea nel testo le espressioni che si riferiscono all'evento bellico.**

Un uomo senza volto suona il violino davanti alla finestra di un appartamento, a Nizza. È uno dei rarissimi quadri di Matisse in cui compare una figura maschile. Le stanze d'albergo e gli appartamenti d'affitto nelle località di mare comunicano all'ospite un senso di estraneità, che può generare malinconia e depressione, oppure esaltazione creativa. È un quadro sulla pittura. La struttura dell'immagine è classica: una figura
5 davanti a una finestra. Per la sua forma un quadro è una finestra aperta, che permette di vedere la storia. Ma è vero anche il contrario: la finestra è un quadro. Mette in relazione l'interno e l'esterno, il soggetto e il mondo. La finestra qui è chiusa. Gli scuri celesti sono aperti, ma verso l'interno della stanza, immersa nell'oscurità – due rettangoli neri d'ombra che formano la vera cornice del quadro. Il violinista suona volgendo le spalle al pittore e all'osservatore. L'uomo guarda fuori, ma la sua testa – un ovale bianco
10 come quello di un manichino – si trova là dove si incrociano i listelli: una parete di vetro lo separa dal mondo. E nella cornice della finestra non vediamo il bel paesaggio mediterraneo – niente palme, niente spiaggia – ma una nuvola grigia che incombe sul mare. E il cielo non è azzurro, ma color mattone, come il pavimento. Chi è il violinista? Solo, pensieroso, chiuso nella sua stanza, al sicuro, mentre il mondo, là fuori, è in fiamme. Mentre la guerra distrugge la vecchia Europa. Il violinista è concentrato solo nella
15 musica, cioè nell'arte, perché essa sola dà senso, ordine, bellezza e luce al mondo.

adattato da "*Il Museo del Mondo*", M. Mazzucco, Einaudi, Torino 2014

3 ▸ **Il testo dell'attività 2 contiene parti descrittive e parti interpretative. Trascrivi nella tabella le espressioni corrispondenti.**

PARTI DESCRITTIVE	PARTI INTERPRETATIVE
________________	________________
________________	________________

➡ La prima metà del '900, in cui si sono vissute due guerre mondiali, è stata denominata "Età dell'ansia". In questo periodo non è raro trovare quadri che rappresentano il senso di smarrimento, di paura e di angoscia.

4 ▸ **Fai una ricerca in internet o in biblioteca e trova un quadro della prima metà del '900 in cui i personaggi e / o il paesaggio comunicano smarrimento e angoscia. Prepara una descrizione del dipinto che presenter ai compagni. Aiutati con la scheda seguente.**

ELEMENTI DI UN QUADRO

AUTORE	Nome dell'artista
DENOMINAZIONE	Nome dell'opera
COLLOCAZIONE	Località o museo dove si trova l'opera
DATAZIONE	Data di esecuzione
DIMENSIONI E TECNICHE	Affresco, olio su tela, tempera su tavola, incisione...?
SOGGETTO	È un'opera astratta, figurativa, una natura morta, un paesaggio, una scena storica...?
ELEMENTI CHE COSTITUISCONO L'OPERA	L'ambiente è un interno o un esterno? Quali sono gli elementi in primo piano / sullo sfondo?
PERSONAGGIO O EVENTO	Sono rappresentati personaggi storici, comuni, noti, sconosciuti...?
PAESAGGIO	Il paesaggio è reale o immaginario? In quale stagione siamo?
COLORI	I colori sono realistici, irreali, cupi, luminosi, armonici, in contrasto...? Il colore dominante è...
LUCE	La luce è frontale, diffusa, laterale? Proviene da destra, da sinistra, dal quadro, da più punti...?
SPAZIO	Lo spazio è aperto alla visione frontale, non suggerisce effetto di spazio, è simbolico, fantastico...?
CHE COSA VUOLE RAPPRESENTARE L'AUTORE?	L'effetto d'insieme è dinamico, statico? La rappresentazione è naturalistica, stilizzata, di fantasia...? L'opera comunica un senso di calma, serenità, inquietudine, rigore morale...?

____

____

____

____

____

____

____

Andiamo a ritroso nel tempo fino al 1300. Nella prima cantica de *La Divina Commedia*, nell'Inferno di Dante Alighieri, ritroviamo il senso di smarrimento.

DANTE ALIGHIERI

Dante Alighieri nasce a Firenze nel 1265.
È considerato il padre della lingua italiana. Scrive opere in poesia e in prosa, con grande originalità, diverse nei contenuti e nelle forme.
Nella *Vita Nova*, un'opera in parte in prosa e in parte in poesia, racconta il suo amore per Beatrice, donna così perfetta da sembrare un angelo.
Nelle *Rime* troviamo poesie serie e dolci e altre di tono forte e aspro. Scrive anche trattati su argomenti seri e legati alla sua vita politica e intellettuale. Il *De vulgari eloquentia* è una riflessione sulla questione, che stava tanto a cuore a Dante, dell'uso di una lingua italiana adatta alla letteratura. Ma l'opera che impegna gran parte della sua vita di artista e che lo rende il più grande poeta di tutti i tempi, è *La Divina Commedia*. Dal 1295 al 1302 Dante si dedica alla vita politica, ricoprendo cariche importanti nel comune di Firenze. In seguito alla sconfitta del suo partito, Dante, guelfo di parte bianca, viene condannato e costretto all'esilio. Il "sommo poeta" esprime nelle sue opere il profondo dolore per l'esilio e per il torto subito, per l'ingiustizia politica che gli procura il definitivo allontanamento dalla sua città. Dal 1302 (anno dell'esilio) in poi non ritorna più a Firenze e conduce una vita di spostamenti da una corte italiana all'altra fino alla sua morte, nel 1321.

La Divina Commedia

Dante si dedicò all'opera dal 1306-07 fino alla sua morte. La divise in tre parti o cantiche: *Inferno, Purgatorio* e *Paradiso*. Scritta in terzine, la *Commedia* è il racconto in prima persona di un viaggio nell'aldilà. Dante, uscito dalla "selva oscura" del peccato, è guidato nell'Inferno e in gran parte del Purgatorio dal poeta latino Virgilio, nel Paradiso da Beatrice, la donna del suo amore giovanile.
Il viaggio dura circa una settimana e ha inizio nella notte del venerdì santo del 1300. Nel regno dei dannati, situato sotto Gerusalemme e immaginato in forma d'imbuto rovesciato, egli farà esperienza del male: incontrerà le anime dei peccatori e conoscerà la natura dei diversi peccati, dai meno gravi ai più gravi, distribuiti in nove cerchi o gironi.

5 ▸ **Osserva il quadro e scegli una delle due proposte.**

a. **Immagina di essere una guida museale. Descrivi il paesaggio della selva oscura, raffigurato dal pittore Daniele Albatici, a un gruppo di visitatori.**

b. **In coppia. Descrivi e interpreta il quadro. Aiutati con le domande-guida.**

- Quale atmosfera o luogo ricorda il paesaggio rappresentato?
- Quali emozioni suscita in te (serenità, smarrimento, noia...)? Motiva la tua scelta.
- Quale musica potrebbe fare da sottofondo?

Nella colonna di sinistra dell'attività 6 trovi l'inizio dell'Inferno di Dante nella versione originale, in quella di destra la sua trasposizione in italiano standard.

6 In coppia. Leggete le terzine e svolgete le attività.

a. Sottolineate le espressioni che si riferiscono al paesaggio e alle sensazioni provate dal protagonista.

b. Indicate con una X lo stato d'animo prevalente del personaggio e motivate la vostra risposta.

☐ paura del buio
☐ senso di smarrimento
☐ rassegnazione
☐ angoscia
☐ disperazione

Nel mezzo del cammin di nostra vita mi ritrovai per una selva oscura, ché la dritta via era smarrita	A metà del cammino della nostra vita, mi ritrovai in una selva oscura poiché avevo smarrito la via diritta.
Ahi quanto a dir qual era è cosa dura esta selva selvaggia e aspra e forte (5) che nel pensier rinova la paura!	Ahi, quanto è doloroso dire qual era quella selva selvaggia, impervia e insuperabile, che al solo ricordo la paura si rinnova.
Tant'è amara che poco è più morte; ma per trattar del ben ch'i' vi trovai, dirò de l'altre cose ch'i'v'ho scorte.	È tanto amara che la morte lo è poco più; ma per trattare del bene che vi ho trovato, dirò delle altre cose che vi ho visto.
(10) Io non so ben ridir com'i'v'intrai, tant'era pien di sonno a quel punto che la verace via abbandonai.	Io non so ancora bene raccontare come vi entrai, tanto ero pieno di sonno in quel punto in cui abbandonai la via della verità.
Ma poi ch'i' fui al piè d'un colle giunto, là dove terminava quella valle (15) che m'avea di paura il cor compunto,	Ma dopo che giunsi ai piedi di un colle, là dove terminava quella valle che mi aveva riempito il cuore di paura,
guardai in alto e vidi le sue spalle vestite già de'raggi del pianeta che mena dritto altrui per ogne calle.	guardai verso l'alto e vidi la sua sommità rivestita già dei raggi del sole che guida (con la sua luce) gli altri uomini per la via diritta.
Allora fu la paura un poco queta, (20) che nel lago del cor m'era durata la notte ch'i' passai con tanta pieta.	Allora si calmò un poco quella paura che mi era restata nell'interno del cuore la notte che io trascorsi con tanto affanno.

da *Inferno Canto I*, in La Divina Commedia, vv. 1-21

7 ▸ Completa la tabella con le informazioni ricavate dall'analisi del dipinto (attività 5) e dalle terzine del primo Canto dell'Inferno (attività 6). Inserisci il messaggio che, secondo te, i due autori hanno voluto trasmettere.

	DIPINTO	CANTO
Paesaggio		
Sensazioni		
Messaggio dell'autore		

Secondo te, il quadro di D. Albatici riesce a rendere le sensazioni e gli stati d'animo presenti nelle terzine di Dante?

☐ Sì ☐ No Perché? ______________________________

8 ▸ Scrivi un breve articolo per il giornalino scolastico (120-150 parole) in cui metti a confronto il dipinto di D. Albatici e il contenuto delle terzine del primo Canto dell'Inferno di Dante.
Cerca di far emergere gli stati d'animo che comunicano.

____
____
____
____
____
____
____
____
____
____
____
____
____
____
____

9 ▸ Scegli una delle due proposte.

a. Riscrivi l'inizio del primo Canto come se fosse una favola.

C'era una volta un uomo...

b. Immagina un luogo "infernale" di oggi. Descrivilo in un testo di circa 150 parole contenente parti descrittive e parti interpretative.

10 ▸ In gruppi di 5-6 persone rappresentate le terzine di Dante attraverso più modalità artistiche: musica, cant ritmo, gestualità, recitazione, arti visive. Definite modalità, tempi e ruoli. In seguito ogni gruppo presenta proprio lavoro alla classe.

UNITÀ 5. ESPRIMERE E RACCONTARE LA PAURA

PERCORSO B Una storia di paura ne *I promessi sposi*

IN QUESTO PERCORSO
IMPARI A
- formulare ipotesi sul contenuto del testo sulla base di uno stimolo visivo
- comprendere e interpretare un testo letterario
- operare confronti tra personaggi letterari
- trasformare un testo narrativo in un dialogo drammatizzato

1 **In coppia. Osservate l'immagine e fate delle ipotesi su ciò che sta succedendo. Aiutatevi con le domande-guida.**

Secondo te...
- chi sono i tre personaggi?
- dove si trovano?
- in quale epoca vivono?
- si conoscono?
- che rapporto c'è fra di loro?
- qual è il loro atteggiamento? (sfidante, conciliante, gentile, amichevole, spaventato...)

Nizzi Claudio, Piffarerio Paolo, *A. Manzoni I promessi sposi a fumetti,* Il Giornalino 1994, pag. 9

Stai per leggere un brano tratto dalle pagine iniziali di uno dei più noti romanzi italiani intitolato *I promessi sposi*, scritto da Alessandro Manzoni nell'Ottocento.

ALESSANDRO MANZONI (Milano 1785 – 1873)
Scrittore, drammaturgo e poeta, oltre a essere uno dei più autorevoli rappresentanti del Romanticismo italiano, grazie al suo capolavoro *I promessi sposi* è considerato anche uno dei maggiori romanzieri italiani di tutti i tempi. Le sue opere teatrali e poesie sono prevalentemente di carattere politico, scritte per diffondere tra gli italiani il sentimento di indipendenza dal dominio straniero tanto importante nella prima metà dell'Ottocento. Dopo l'Unità d'Italia è stato nominato senatore del Regno d'Italia.

I PROMESSI SPOSI

Ambientato nei pressi del lago di Como nei primi decenni del 1600, quando la Lombardia si trovava sotto il dominio spagnolo, il romanzo narra la vicenda di due giovani tessitori, Renzo Tramaglino e Lucia Mondella, che stanno per sposarsi quando il potente Don Rodrigo decide di impedire a tutti i costi questo matrimonio perché si è invaghito di Lucia. Per questo motivo decide di mandare due suoi bravi a minacciare Don Abbondio, il parroco del paese, che da lì a poco dovrebbe celebrare il matrimonio. I bravi sono delle figure realmente esistite nell'Italia settentrionale del Cinque e Seicento. Oggi potremmo definirli una specie di guardie del corpo, ma in realtà erano dei veri e propri criminali che lavoravano per i nobili e risolvevano per loro tutte le faccende poco pulite. Erano facili da riconoscere perché intorno alla testa portavano una reticella ed erano carichi di armi di ogni genere. Incutevano grande paura alle persone e infatti anche Don Abbondio, "protagonista del brano che stai per leggere", è molto spaventato quando, durante la sua tranquilla passeggiata quotidiana all'ora del tramonto, si accorge che i due stanno aspettando proprio lui.

2 ▸ **Leggi il brano e annota tutti i piccoli "atti" compiuti dai bravi, che fanno capire a Don Abbondio che i due stanno aspettando proprio lui. Poi confronta con un compagno.**

Che i due descritti di sopra stessero ivi[1] ad aspettar qualcheduno, era cosa troppo evidente; ma quel che più dispiacque a don Abbondio fu il dover accorgersi, per certi atti, che l'aspettato era lui. Perché al suo apparire, coloro s'eran guardati in viso, alzando la testa, con un movimento dal quale si scorgeva che tutt'e due a un tratto avevan detto: è lui; quello che stava a cavalcioni s'era alzato, tirando la sua gamba
5 sulla strada; l'altro s'era staccato dal muro; e tutt'e due gli s'avviavano incontro. Egli, tenendosi sempre il breviario aperto dinanzi, come se leggesse, spingeva lo sguardo in su, per ispiar le mosse[2] di coloro; e, vedendoseli venir proprio incontro, fu assalito a un tratto da mille pensieri. Domandò subito in fretta a se stesso, se, tra i bravi e lui, ci fosse qualche uscita di strada, a destra o a sinistra; e gli sovvenne subito di no[3].
10 Fece un rapido esame, se avesse peccato contro qualche potente, contro qualche vendicativo; ma, anche in quel turbamento, il testimonio consolante della coscienza lo rassicurava alquanto[4]: i bravi

[1] ivi: lì
[2] ispiar le mosse: guardare i loro movimenti
[3] gli sovvenne...: capì che era impossibile per lui cambiare strada
[4] Fece un...: si chiese se avesse fatto qualcosa di male contro qualche potente, ma rassicurò subito se stesso perché non aveva fatto r

però s'avvicinavano, guardandolo fisso. Mise l'indice e il medio della mano sinistra nel collare, come per raccomodarlo; e, girando le due dita intorno al collo, volgeva intanto la faccia all'indietro, torcendo insieme la bocca, e guardando con la coda dell'occhio, fin dove poteva, se qualcheduno arrivasse; ma
15 non vide nessuno. Diede un'occhiata, al di sopra del muricciolo, ne' campi: nessuno; un'altra più modesta sulla strada dinanzi; nessuno, fuorché i bravi. Che fare? Tornare indietro, non era a tempo: darla a gambe, era lo stesso che dire, inseguitemi, o peggio. Non potendo schivare il pericolo, vi corse incontro, perché i momenti di quell'incertezza erano allora così penosi[5] per lui, che non desiderava altro che d'abbreviarli[6]. Affrettò il passo, recitò un versetto a voce più alta, compose la faccia a tutta quella quiete e ilarità che
20 poté, fece ogni sforzo per preparare un sorriso; quando si trovò a fronte dei due galantuomini, disse mentalmente: ci siamo; e si fermò su due piedi.

Manzoni A., *I promessi sposi*, La Nuova Italia Editrice, Firenze 1987, pagg.15,16

[5] penosi: dolorosi
[6] non desiderava...: voleva solo rendere più breve il momento dell'incontro con i bravi

I due bravi

- si guardano ______________________
____
- uno dei due ______________________
____

3 ▸ ***Fu assalito a un tratto da mille pensieri*, dice il testo parlando della reazione di Don Abbondio alla vista dei bravi. Riordina i suoi pensieri e le sue reazioni. Poi confronta con un compagno.**

a. Don Abbondio si chiede se ha fatto qualche torto a un uomo potente, ma anche in questo caso la risposta è no.

b. Fingendo di mettere a posto il colletto dell'abito, gira la testa a destra e a sinistra per vedere se per caso sta arrivando qualcuno che possa aiutarlo, ma non c'è nessuno.

c. Visto che evitare l'incontro è praticamente impossibile, decide di affrontare i due il più velocemente possibile.

d. Pensa se non sia il caso di tornare indietro oppure di scappare, ma ciò equivale a dire inseguitemi.

e. Quando si trova davanti ai due bravi dice a se stesso ci siamo e si ferma.

f. Finge di leggere tranquillamente il suo libro di preghiere, in realtà spia le mosse dei due bravi.

g. Si chiede se ci sia qualche via d'uscita fra lui e i bravi per poter scappare, ma si rende subito conto che non ce ne sono.

h. Affretta il passo e, recitando un altro versetto del suo libro di preghiere, cerca di fingere la massima tranquillità e di stamparsi un sorriso in faccia.

1	2	3	4	5	6	7	8
f	____	____	____	____	____	____	____

4 ▸ **Riordina le vignette per scoprire cosa si sono detti Don Abbondio e i bravi durante l'incontro.**

a.

b.

c.

d.

e.

Nizzi Claudio, Piffarerio Paolo, *A. Manzoni I promessi sposi a fumetti*, Il Giornalino 1994, pagg. 8, 9

1	2	3	4	5
a				

5 ▸ **In coppia. Scrivete accanto a ogni battuta l'aggettivo appropriato che descrive il tono o l'atteggiamento di chi la pronuncia.**

preoccupato | conciliante | insicuro | minaccioso | perentorio | falso
spaventato | arrogante | prepotente | tendenzioso | intimidatorio

BATTUTA	TONO / ATTEGGIAMENTO
1. **AHI, AHI** quei due hanno l'aria di aspettare proprio **me**.	______
2. Signor curato, Lei ha intenzione di maritar domani **RENZO TRAMAGLINO** e **LUCIA MONDELLA**?	______
3. Lor Signori sanno benissimo come vanno queste faccende. Il povero curato non c'entra... noi siamo servitori...	______
4. Orbene, questo matrimonio non s'ha da fare, né domani, né **MAI**!	______
5. Ma, Signori miei... si degnino di mettersi nei miei panni... se la cosa dipendesse da me...	______
6. Noi non vogliamo saperne di più. Uomo avvertito... Lei c'intende.	______
7. Noi siamo galantuomini e non vogliamo farle del male, purché abbia giudizio.	______
8. Signor curato, l'Illustrissimo Signor Don Rodrigo, nostro padrone, La riverisce caramente.	______
9. **DON RODRIGO**?!	______

6 ▸ **Nel brano iniziale Alessandro Manzoni descrive la paura di Don Abbondio attraverso i gesti che lui compie, senza mai nominare la parola "paura".**
Descrivi una persona che conosci, in un momento di gioia, paura, terrore, impazienza o dolore, solo attraverso i gesti che compie, senza mai nominare il sentimento che stai descrivendo (circa 80 parole).
Poi scambia il testo con un compagno, che deve indovinare il sentimento descritto.

______
______
______
______
______
______
______
______
______

UNITÀ 5. ESPRIMERE E RACCONTARE LA PAURA

PERCORSO C Una storia di coraggio ne *I promessi sposi*

IN QUESTO PERCORSO
IMPARI A

- formulare ipotesi sul contenuto del testo sull base di uno stimolo visi
- comprendere e interpretare un testo letterario
- confrontare personaggi letterari
- trasformare un testo narrativo in un dialogo drammatizzato
- descrivere un sentiment senza nominarlo, limitandosi alla gestuali

Il brano che segue descrive l'incontro tra Fra' Cristoforo, (il padre spirituale di Lucia al quale la ragazza si rivolge in cerca di aiuto), e Don Rodrigo, il prepotente che ha impedito il matrimonio dei due promessi sposi. Fra' Cristoforo decide infatti di recarsi al castello di Don Rodrigo per cercare di convincere il prepotente signorotto a rinunciare al suo malvagio progetto. Il frate vi arriva mentre il padrone di casa e alcuni suoi amici sono a tavola. Il brano è stato trasposto in italiano contemporaneo.

1 **In coppia. Osservate l'immagine e descrivete l'atteggiamento dei due personaggi (sfidante, bonario, amichevole, indifferente, spaventato, aggressivo ...). Motivate le vostre risposte.**

2 **In coppia. Immaginate come potrebbe svolgersi il dialogo tra i due personaggi e trascrivitene brevemente alcune battute.**

3 ▸ **Leggi il brano, tratto dal capitolo VI, e riordina le frasi cronologicamente. Poi controlla con un compagno.**

"Che cosa posso fare per lei?", disse Don Rodrigo, piantandosi in piedi nel mezzo della sala. Il suono delle parole era questo, ma il modo in cui erano pronunciate voleva significare: bada a chi sei davanti, pesa le parole e sbrigati. Per dar coraggio al nostro Fra' Cristoforo il modo migliore era proprio quello di trattarlo con arroganza. Egli, ancora incerto, cercava le parole facendo scorrere tra le dita i grani del rosario appeso alla cintura, come se questo potesse aiutarlo a trovarle. L'atteggiamento di Don Rodrigo gli fece venir voglia di dirgli tante cose, ma per evitare di mandare all'aria il suo scopo, misurò le parole che gli erano venute in mente e disse, umilmente e con prudenza: "Vengo per proporle un atto di giustizia e di carità. Alcuni individui malvagi hanno usato come scusa il suo nome per impaurire un povero prete, per impedirgli di fare il suo dovere, così facendo del male a due persone senza colpa. Con una parola lei può risolvere il problema. Lei può, e così la sua coscienza, il suo onore...".
"Lei mi parlerà della mia coscienza quando verrò a confessarmi da lei. E per quanto riguarda il mio onore deve sapere che chi se ne occupa diventa mio nemico." Fra' Cristoforo, avvertito da queste parole che intendevano trasformare il colloquio in scontro, si sforzò di sopportare ogni cosa e di accettare qualunque cosa l'altro volesse dirgli e rispose subito, con tono sommesso: "Mi scusi, non era mia intenzione offenderla. Mi corregga pure se non so parlare come si deve. Ma per amor di Dio, davanti al quale tutti noi un giorno dovremo presentarci, non neghi a quei due poveretti un atto di giustizia così semplice. Pensi che Dio protegge gli innocenti e...", "Ehi, padre!", lo interruppe bruscamente Don Rodrigo, "io La rispetto come frate, ma non venga a farmi le prediche in casa mia!". Queste parole fecero diventare rosso di rabbia il viso di Fra' Cristoforo, che, facendo finta di niente, continuò: "Lei sa bene che sono venuto con un buon fine. Mi ascolti, Don Rodrigo: non usi il suo potere contro gli uomini e contro Dio! Lei può molto qui in terra, ma..."
"Senta", disse Don Rodrigo, interrompendolo con rabbia ma anche un po' intimorito, "se ho voglia di sentire una predica so ben andare in chiesa da solo. Ma in casa mia! Oh!", e continuò, con un sorriso forzato di scherno, "Lei mi ritiene più potente di quanto non sia in realtà! Addirittura il predicatore in casa, come i grandi signori!". "È Dio che mi manda, come suo ministro povero e inadatto, a pregare per una innocente...", "Insomma, padre", disse Don Rodrigo, facendo finta di andarsene, "io non so cosa voglia da me; capisco solo che ci deve essere una giovane donna che Le interessa molto. Vada a raccontarlo a qualcun altro e non mi disturbi più". Al muoversi di Don Rodrigo, Fra' Cristoforo gli si era messo davanti, ma con gran rispetto, per trattenerlo e supplicarlo ancora: "Lei mi interessa, è vero, ma in realtà mi interessano le sorti di due anime che appartengono una all'altra, e che lei può liberare dal tormento. Una sua parola può ottenere di tutto." "Beh, visto che questa persona le sta tanto a cuore...", disse Don Rodrigo. "E allora?" chiese ansioso Fra' Cristoforo, che non nutriva molte speranze...

Manzoni A., *I promessi sposi*, La Nuova Italia Editrice, Firenze 1987, pagg. 101-104

a. Fra' Cristoforo spiega le ragioni della sua visita.
b. Fra' Cristoforo è irritato, ma continua a parlare fingendo di non esserlo.
c. Don Rodrigo chiede al suo ospite come può rendersi utile.
d. Fra' Cristoforo attende la proposta di soluzione da parte di Don Rodrigo.
e. Fra' Cristoforo sopporta il tono provocatorio di Don Rodrigo.
f. Don Rodrigo inizia a provare paura.
g. Fra' Cristoforo si scusa.
h. Fra' Cristoforo cerca di evitare che Don Rodrigo se ne vada.

1	2	3	4	5	6	7	8
c							

4 ▸ **Rileggi ed evidenzia nel testo con colori diversi gli elementi indicati.**

- le parole che denotano l'atteggiamento di sfida di Don Rodrigo nei confronti del frate
- le parti del testo che illustrano in che modo Fra' Cristoforo si prepara allo scontro
- le parti del testo in cui i due personaggi pronunciano delle parole, ma in realtà vogliono esprimere qualcosa di diverso. Spiega la ragione della loro scelta verbale.
- le parti del testo in cui i due contendenti cercano di difendere la propria posizione

5 ▸ **Completa la tabella con gli aggettivi appropriati per definire i vari atteggiamenti assunti dai due rivali. Giustifica la tua scelta con le parole del testo.**

arrogante | aggressivo | mite | minaccioso | conciliante | amichevole | bonario | pacifico | prepotente | indifferente | ironico | coraggioso | umile | insicuro | allusivo | deciso | autoritario | profetico

6 ▸ **In coppia. Ipotizzate quale potrebbe essere la reazione finale di Don Rodrigo e come potrebbe concludersi il colloquio.**

7 ▸ **Leggi la seconda parte e verifica le tue ipotesi. Segna con una *X* l'affermazione corretta tra quelli sotto.**

"Beh, le consigli di venire a mettersi sotto la mia protezione. Non le mancherà nulla e nessuno le darà fastidio. Sono un cavaliere, io..."

A questa proposta la rabbia di Fra' Cristoforo, trattenuta fino ad allora con difficoltà, esplose, e tutte le intenzioni di prudenza e di pazienza svanirono. "La sua protezione!", esclamò, facendo due passi indietro, fissando il peso sul piede destro, alzando e tendendo l'indice della mano sinistra verso Don Rodrigo e fissandolo con gli occhi infuriati. "Ho compassione di questa casa, su cui regna la maledizione. Pensa veramente che Dio le permetterà di tormentare Lucia? Crede davvero che Dio non la difenderà? Lucia non ha nulla da temere, ne sono certo, anche se sono solo un povero frate. E le prometto che verrà un giorno..." Don Rodrigo, sospeso tra sentimenti di rabbia e meraviglia, quando sentì queste parole di premonizione provò un lontano e misterioso spavento. Afferrò quella mano minacciosa e, alzando la voce, per interrompere quel profeta di disgrazie, gridò: "Levati dai piedi, maleducato impudente, poltrone incappucciato. Ringrazia l'abito che indossi, che ti risparmia dalle botte che si danno a quelli come te! Esci da questa casa con le tue gambe, per questa volta, ma non finisce qui", mentre in modo sprezzante indicava una porta di fronte a quella da cui erano entrati. Fra' Cristoforo abbassò la testa e se ne andò, lasciando Don Rodrigo a meditare la sua vendetta.

Manzoni A., *I promessi sposi*, La Nuova Italia Editrice, Firenze 1987, pagg. 104

- ☐ **1.** Dopo un'accesa discussione, di comune accordo i due uomini decidono che Don Rodrigo si prenderà cura personalmente di Lucia.
- ☐ **2.** Fra' Cristoforo non accetta la provocazione di Don Rodrigo e reagisce bruscamente. Don Rodrigo lo picchia, poi il frate se ne va.
- ☐ **3.** Fra' Cristoforo reagisce con rabbia alla provocazione di Don Rodrigo. Questo lo interrompe con una minaccia, poi lo caccia di casa.

8 ▸ **In coppia. Drammatizzate il dialogo tra i due personaggi. Semplificate le battute, rispettate la gestualità, il tono di voce, gli atteggiamenti.**

9 ▸ **Se Don Abbondio è l'emblema della paura e della vigliaccheria, Fra' Cristoforo è l'emblema del coraggio. Spiega in che modo Manzoni mette in evidenza i due opposti atteggiamenti.**

per confrontare

Mentre (Don Abbondio)..., (Fra' Cristoforo)...
Se (Don Abbondio) si comporta da... quando..., (Fra' Cristoforo) dimostra (paura /coraggio) quando...
Il comportamento di (Don Abbondio) denota..., mentre quello di (Fra' Cristoforo) esprime...
Da una parte (Don Abbondio)... Dall'altra...
Quando (Don Abbondio)..., emerge chiaramente che / (la sua paura di)...
Al contrario, (Fra' Cristoforo)...

per motivare e giustificare

Perché...
Infatti...
Lo dimostra il fatto che...
Lo si può notare quando...

10 ▸ **Durante il colloquio con Don Rodrigo, Fra' Cristoforo lascia sospesa una maledizione che sembra una profezia di infelicità. Se avesse potuto continuare, cosa avrebbe detto? Concludi tu la sua frase (circa 50 parole).**

Verrà un giorno...

11 ▸ **In un breve testo (circa 120 parole) confronta i due personaggi, spiega quale dei due preferisci e perché. Indica se, secondo te, nella nostra società sia più facile incontrare personaggi come Don Abbondio o come Fra' Cristoforo.**

UNITÀ 5. ESPRIMERE E RACCONTARE LA PAURA

PERCORSO D Il piacere di raccontare la paura

IN QUESTO PERCORSO
IMPARI A
- conoscere alcuni ingredienti del genere "giallo"
- fare ipotesi sulla prosecuzione di un testo
- cogliere elementi letterari (l'onomatopea)
- scrivere un racconto

Il silenzio dei musei è un racconto di Carlo Lucarelli che appare nel primo numero della rivista "PULP" nel 1996. In seguito viene pubblicato anche nella rivista su Internet "Incubatoio 16", coordinata anch'essa da Carlo Lucarelli.

CARLO LUCARELLI

Scrittore, conduttore televisivo, commediografo, sceneggiatore e docente di scrittura creativa, Lucarelli nasce a Parma il 26 ottobre 1960 e vive a Mordano, in provincia di Bologna. Il suo esordio letterario avviene con il giallo *Carta bianca* del 1990, il primo di una lunga serie di *noir* a sfondo poliziesco, genere per il quale è conosciuto anche all'estero.
Esponente di spicco del nuovo *noir* anni Novanta, Lucarelli ha reinterpretato i moduli della narrativa di genere per indagare le contraddittorie e molteplici realtà della società contemporanea.

1 **Ascolta la prima parte del racconto *Il silenzio dei musei* di Carlo Lucarelli e segna con una *X* l'affermazione corretta.**

1. Il racconto è ambientato
- ☐ **a.** in un museo.
- ☐ **b.** in una biblioteca.

2. La vicenda avviene
- ☐ **a.** di notte.
- ☐ **b.** di giorno.

3. Il racconto inizia
- ☐ **a.** con una domanda del narratore ai lettori.
- ☐ **b.** con un dialogo fra il protagonista e l'antagonista.

4. Il racconto è narrato
- ☐ **a.** in prima persona.
- ☐ **b.** in terza persona.

5. Il narratore parla
- ☐ **a.** dei molti rumori che si sentono in un museo di notte.
- ☐ **b.** dell'assoluto silenzio di un museo di notte.

6. Quella notte il narratore
- ☐ **a.** ascolta i soliti rumori di tutte le altre notti.
- ☐ **b.** sente un rumore insolito che sembra un taglio di forbici.

2 ▸ **Completa il testo con le parole mancanti, scegliendole fra quelle elencate sotto.**

Avete mai sentito il **1.** __________________ di un museo?
Non quello dei cartelli appesi al muro, rotto dallo **2.** __________________, dai **3.** __________________,
dai colpi di tosse, dal **4.** __________________ delle macchine fotografiche che si ricaricano di nascosto,
ma quello vero, quello dell'orario di chiusura.
5 Dalle nove alle cinque non è silenzio, è rumore sommesso, represso, chiasso ipocrita, ma dopo, dopo che sono passate anche le donne delle pulizie, dopo che le porte si sono chiuse e anche i cancelli, allora è il silenzio dei musei. Che non è un silenzio vuoto, di cose che dormono, ma un silenzio vivo, di cose che si svegliano. Avete mai sentito quanti **5.** __________________ ci sono in un museo chiuso? Sono tanti, tutti diversi e ognuno potrebbe essere scritto con una lettera, racchiuso in un simbolo e disegnato, come
10 un ideogramma. Io lo so, sto lì da tanti anni, dietro al tavolo del custode e non ho niente altro da fare che ascoltare, fissare il buio e ascoltare, dalle sei di sera alle otto di mattina. Ci sono le cornici dei quadri, per esempio, o anche gli infissi delle bacheche o delle finestre, che con la variazione di temperatura tirano e **6.** __________________, con la erre, scrrricchiolano.
Poi ci sono le tele, le tende e tutte le stoffe dei vestiti nelle teche e quelle che ricoprono i mobili antichi,
15 soprattutto i letti... quelle **7.** __________________, con la effe, fffrusciano. E le molle, quelle dei divani, si tennndono, enne. E l'impianto di sicurezza, quando si accende periodicamente, esse: sssibila. Io li sento tutti i rumori, non ho nient'altro da fare... e li riconosco, sempre.
Per questo quella ci, così netta, così tronca, clic, la notai subito e mi fece alzare la testa, a girare gli occhi nel buio. Sembrava un taglio, un taglio di forbici e infatti la seconda volta lo sentii bene che non era
20 proprio un clic, no, ma un tric, schiacciato, come di metallo su gomma che si allunga e forza finché non incontra la resistenza del rame. Tric. E subito, il **8.** __________________ dell'impianto di sicurezza cessò di colpo.

1.	☐ **a.** silenzio	☐ **b.** rumore	☐ **c.** sussurro	☐ **d.** sibilare
2.	☐ **a.** sussurro	☐ **b.** scalpiccìo	☐ **c.** sussurrare	☐ **d.** scricchiolìo
3.	☐ **a.** sussurrare	☐ **b.** sussurri	☐ **c.** ronzìo	☐ **d.** rumore
4.	☐ **a.** ronzare	☐ **b.** ronzìo	☐ **c.** rombo	☐ **d.** rumore
5.	☐ **a.** silenzio	☐ **b.** sussurri	☐ **c.** rumori	☐ **d.** ronzìo
6.	☐ **a.** scricchiolano	☐ **b.** scricchiolìo	☐ **c.** cigolìo	☐ **d.** sussurri
7.	☐ **a.** frusciano	☐ **b.** fruscìo	☐ **c.** sussurro	☐ **d.** sibilo
8.	☐ **a.** rumore	☐ **b.** scricchiolìo	☐ **c.** sibilare	☐ **d.** sibilo

3 ▸ **La maggior parte delle parole che hai inserito nel brano precedente indicano diversi tipi di rumore che, se utilizzati in un racconto in un certo modo, contribuiscono a creare un'atmosfera di paura. Trova in un dizionario il corrispondente nella tua lingua per le parole date.**

IN ITALIANO	NELLA TUA LINGUA
scalpiccìo	______
sussurro	______
ronzìo	______
scricchiolìo	______
fruscìo	______
sibilo	______

4 ▸ **Abbina ciascun termine alla rispettiva definizione.**

TERMINE	DEFINIZIONE DEL TERMINE
1. scalpiccìo	**a.** È un rumore sottile e acuto simile a quello di un fischio, come per esempio quello di un impianto d'allarme o del vento quando soffia forte.
2. sussurro	**b.** È un tono di voce molto basso.
3. ronzìo	**c.** È un rumore leggero che può essere prodotto per esempio da una sedia o da una porta o pavimento di legno.
4. scricchiolìo	**d.** È un rumore continuo provocato da passi sul pavimento.
5. fruscìo	**e.** È un rumore sordo e insistente prodotto da alcuni tipi di insetti o di apparecchi.
6. sibilo	**f.** È un rumore molto leggero, prodotto di solito dalle foglie mosse dal vento, oppure può essere un disturbo tipico delle registrazioni su nastro.

1	2	3	4	5	6
______	______	______	______	______	______

5 ▸ **Completa le frasi con il termine appropriato dell'attività 4.**

1. Da fuori si sentiva un forte ____________________ del vento e l'atmosfera in quella casa si faceva sempre più cupa.
2. In lontananza si sentiva il rumore di uno ____________________ di passi frettolosi che sembravano avvicinarsi sempre di più alla vecchia casa immersa nel silenzio.
3. Lo ____________________ del vecchio pavimento di legno in quella casa disabitata ormai da anni metteva i brividi e faceva pensare a storie di fantasmi.
4. Nel silenzio si sentiva solo il ____________________ di una zanzara che non voleva saperne di lasciarmi in pace.
5. All'improvviso il silenzio fu interrotto dallo squillo del vecchio telefono, ma la voce all'altro capo del filo era poco più che un ____________________ e non riuscii a capire quello che stava dicendo.
6. Il ____________________ delle foglie mosse dal vento aumentava la tensione che mi circondava.

L'ONOMATOPEA

Si tratta di una **figura retorica** che consiste nel riprodurre e imitare, attraverso i suoni della lingua, i suoni esistenti in natura e i rumori reali.
È possibile distinguere fra *onomatopee primarie* e *onomatopee secondarie* (o *artificiali*).
Le prime sono parole senza significato ma che hanno la capacità di evocare l'impressione di un suono. Queste sono onomatopee che imitano versi di animali, come *bau* o *miao*, oppure particolari suoni umani come *brr* o *ecciù*, ma anche rumori tipici di oggetti o di azioni.
Le seconde sono invece aggettivi, sostantivi o verbi, che riproducono il suono corrispondente al loro campo semantico; un esempio sono i termini delle attività precedenti, come "fruscìo", che riproduce il rumore delle foglie.

6 ▸ **Conosci altre onomatopee? In coppia, fate un elenco di onomatopee del primo e del secondo tipo.**

PRIMO TIPO	SECONDO TIPO

7 ▸ **Nel racconto l'autore ha utilizzato diverse onomatopee di entrambi i tipi: trovane almeno sei, indicane il ti e il suono che riproducono.**

ONOMATOPEA	TIPO	IL SUONO CHE RIPRODUCE
clic	*primo*	*Il rumore di un oggetto come, per esempio, quando si preme l'interruttore della luce.*

8 ▸ **Leggi il seguente passo, dal testo dell'attività 2, e ipotizza cosa può essere successo quella notte nel museo. Motiva le tue ipotesi.**

Per questo quella ci, così netta, così tronca, clic, la notai subito e mi fece alzare la testa, a girare gli occhi nel buio. Sembrava un taglio, un taglio di forbici e infatti la seconda volta lo sentii bene che non era proprio un clic, no, ma un tric, schiacciato, come di metallo su gomma che si allunga e forza finché non incontra la resistenza del rame. Tric. E subito, il sibilo dell'impianto di sicurezza cessò di colpo.

IL PASSATO REMOTO

In questo racconto Carlo Lucarelli usa il passato remoto, un tempo verbale del modo indicativo usato solitamente nei testi scritti, preferibilmente letterari e / o storici, per raccontare azioni o eventi compiuti, completamente conclusi nel passato e senza particolari relazioni con il presente.

La difficoltà d'uso è spesso rappresentata dal fatto che molti verbi sono irregolari, però per facilitarne l'uso è utile ricordare che:

1. irregolari sono generalmente i verbi della 2ª coniugazione (quelli in *-ERE*);
2. le irregolarità riguardano generalmente la 1ª e la 3ª persona singolare e la 3ª persona plurale;
3. tutti i verbi irregolari si trovano sul dizionario.

Qui sotto proponiamo invece una tabella della coniugazione regolare del passato remoto:

	verbi in *-ARE* PARL*ARE*	verbi in *-ERE* CRED*ERE*	verbi in *-IRE* FIN*IRE*
io	parl ***-ai***	cred ***-ei / -etti***	fin ***-ii***
tu	parl ***-asti***	cred ***-esti***	fin ***-isti***
lui / lei	parl ***-ò***	cred ***-è / -ette***	fin ***-ì***
noi	parl ***-ammo***	cred ***-emmo***	fin ***-immo***
voi	parl ***-aste***	cred ***-este***	fin ***-iste***
loro	parl ***-arono***	cred ***-ettero***	fin ***-irono***

9 ▸ **Trova, nel testo dell'attività 8, i 4 verbi al passato remoto e completa la tabella.**

VERBO	PERSONA	INFINITO	REGOLARE / IRREGOLARE
______	______	______	______
______	______	______	______
______	______	______	______
______	______	______	______

10 ▸ **Per verificare le tue ipotesi dell'attività 8, prosegui con l'ascolto della seconda parte del racconto.**

14

Una luce improvvisa, nel buio, è come se facesse rumore, anche se è la luce sottile e diretta di una torcia elettrica. Quella luce aveva rumore di passi di gomma, cauti , lenti, come quelli di un gatto e un soffio di voce, dietro: "Fa' piano, c****". Scorreva veloce sul vetro delle bacheche, sulle pareti biancastre, sulla patina lucida delle tele dipinte e quando scivolava via sembrava che il buio fosse ancora più buio. Mi passò accanto, senza toccarmi e io attesi. Se non mi avevano visto non si erano accorti di me. (5)
Erano due, pensai all'inizio, poi entrò anche il terzo, fermo sull'atrio, illuminato a metà dalla luce esterna del cortile e fu con quella che vidi la pistola. Gli altri, nel salone, erano solo due sagome grigie che si muovevano curve sul nero, finché una non si fermò a reggere la torcia e l'altra entrò nel cono di luce e fu con quella che vidi il coltello.
La tela che cede sotto la lama di un cutter fa un rumore straziante per chi sa sentirlo. (10) È come se ogni filo della fibra lanciasse un gemito breve, da gola tagliata, più sottile quando il rasoio segue la verticale del quadro, più grosso in orizzontale e duro, agghiacciante come un osso rotto quando tocca la cornice. Tagliavano la Vergine Inviolata e solo dal nome già sembrava un atto blasfemo .
Mi mossi, silenzioso, nel buio.
"C'è qualcuno... ho sentito un rumore". (15)
L'occhio luminoso della torcia tagliò il buio fino alla scrivania, alla targhetta custode e si fermò rotondo sullo schienale della sedia vuota.
"Che c'è?" chiese quello con la pistola.
La torcia si mosse, a passi attenti, di suole di gomma. Veniva verso la sala piccola, lasciando che il buio risucchiasse il salone, (20) con quello col coltello e la Vergine Inviolata ripiegata su sé stessa, arrotolata su un angolo ancora attaccato alla cornice. La luce varcò la soglia, tra il portacenere a colonna e la colonna con l'urna di cenere etrusca ed entrò nella stanza, a frugare sulle pareti. Poi la torcia mi vide e senza un gemito, neppure un soffio, si schiacciò per terra con un ciack spesso, di vetro grosso.
Buio.
"C**** fai?". (25)
La voce era una voce e non più un sussurro e vibrava nella gola, di paura. Un attimo e mi mossi ancora, oltre la soglia, di nuovo nel salone, dietro alla corda di canapa gialla che chiudeva il divano sul ballatoio. Nessun fruscìo sulla striscia rossa del tappeto. La pedana di legno che alzava il divano non scricchiolò.
"Guarda che se è uno scherzo... oh, giuro, se è uno scherzo, io...".
Camminava lungo la corda, per indovinare la direzione. (30) La sentivo vibrare sotto le sue dita e forse, non so, ma forse tremava. Volevo un urlo, così lasciai che la mano si avvicinasse, scorrendo sulla canapa e quando la sentii vicina, sempre più vicina, non mi allontanai.
Urlò, forte.
Quello con la pistola si piegò sulle ginocchia, stendendo le braccia nel buio. La paura gli ghiacciò le gambe e la gola e il dito sul grilletto. (35) Non sparò perché non c'era niente a cui sparare se non la sagoma sottile di una corda di canapa che ondeggiava nel buio. Quando riuscì a muovere la lingua fece uno schiocco contro il palato e un gorgoglio di gola mentre si alzava strappando sulle ginocchia. Si voltò per scappare e quando si voltò incontrò me.

11 ▸ Riordina le frasi per ottenere la sintesi del testo. Poi confronta con un compagno.

a. Nel buio del museo appare improvvisamente la luce di una torcia accompagnata da un leggero rumore di passi, attutito dalle scarpe di gomma. È il primo uomo.

b. Subito dopo, nell'entrata del museo illuminata parzialmente dalla luce proveniente dal cortile, l'io narrante vede un terzo uomo con una pistola in mano.

c. Quasi contemporaneamente il narratore sente la voce – poco più di un sussurro – di un secondo uomo, che invita il compagno a non fare rumore.

d. L'io narrante rientra silenziosamente nel salone seguendo una corda.

e. I due passano accanto all'io narrante, ma non si accorgono di lui.

f. A quel punto l'io narrante inizia silenziosamente a muoversi nel buio del museo, ma anche se non lo vedono i due uomini si accorgono ugualmente che c'è qualcuno.

g. Il secondo uomo, tremante di paura, cammina tenendosi alla corda nella speranza di trovare una via d'uscita; invece si trova davanti l'io narrante e urla di terrore, ma viene ucciso anche lui.

h. Nel frattempo i primi due uomini sono nel salone e nel cono di luce proveniente dalla torcia l'io narrante vede che il secondo uomo ha in mano un coltello con il quale sta tagliando un quadro del museo.

i. Il terzo uomo è ormai paralizzato dalla paura e, pur avendo in mano una pistola, non spara perché non vede nessuno a cui sparare.

l. L'uomo con la torcia si dirige cautamente verso la sala piccola, lasciando il salone completamente al buio.

m. L'uomo viene ucciso nella sala piccola e non fa nemmeno in tempo a reagire. Si sente solo il rumore del vetro della torcia che si rompe cadendo a terra.

n. A quel punto l'uomo con la pistola si volta per fuggire, ma si trova davanti l'io narrante e viene ucciso.

1	2	3	4	5	6	7	8	9	10	11	12
a	___	___	___	___	___	___	___	___	___	___	___

12 ▸ Completa la tabella: indica da chi viene utilizzato ciascun oggetto e con quale scopo. Poi confronta con un compagno.

IL / LA...	VIENE UTILIZZATO/-A DA...	PER...
	___	___
	___	___
	___	___
	___	___
	___	___

13 ▸ A questo punto la situazione è relativamente chiara: quella notte al museo sono avvenuti tre omicidi per mano di un misterioso assassino.
In coppia. Raccogliete tutti gli indizi che potrebbero essere utili agli investigatori.

____

____

____

____

____

14 ▸ In coppia. Immaginate e descrivete lo scenario che si presenta ai dipendenti del museo la mattina dopo. Aiutatevi con le domande-guida.

- Chi sono i primi ad arrivare al museo la mattina dopo?
- Qual è la prima cosa che notano?
- Che cosa vedono man mano che entrano nelle varie sale del museo?
- Che fine ha fatto il quadro?
- Che fine ha fatto l'assassino?

15

15 ▸ Ascoltate il finale del racconto e verificate le vostre ipotesi.

"Ci hanno provato anche stavolta... guarda qua, ci sono i fili dell'allarme tagliati".
"Glielo dico sempre, io, alla sovrintendenza... qua ci vuole un guardiano notturno, altro che storie. Fortuna che non portano mai via niente".
Sono le nove e il museo ha perso di nuovo il suo silenzio. Tra i tanti rumori che mi circondano quello che (5) mi infastidisce di più è lo scatto isterico delle macchine fotografiche che mi inquadrano di nascosto.
Sono uno dei quadri più fotografati, Il Boia, alto e imponente, con le mani strette sulla spada insanguinata.
Quello che mi stupisce è che con tanti turisti che mi fotografano, nessuno si sia ancora accorto del (10) mucchio di teste nella cesta alle mie spalle. Che si alza, ogni volta, un pochino di più.

16 ▸ È possibile distinguere tre parti del racconto. Collega ogni parte alla sua funzione (una o più), poi confronta con un compagno.

1. Parte prima
2. Parte seconda
3. Parte terza

a.	riportare l'azione chiave del racconto
b.	creare un'atmosfera di suspense
c.	introdurre e descrivere i personaggi
d.	sviluppare il racconto in modo lineare ed esplicito
e.	affidare le azioni centrali del racconto a indizi
f.	dare una svolta inaspettata al racconto

17 ▸ **Esprimi quali sensazioni provi dopo aver letto il finale.**

Stupore, perché ______________________________

Divertimento, perché ______________________________

Delusione, perché ______________________________

Altro ______________________________

18 ▸ **Che cosa pensi del racconto in generale? Motiva la tua idea.**

19 ▸ **In gruppo. Trasformate il racconto in un pezzo teatrale. Cercate di trasmettere la giusta atmosfera soprattutto attraverso la riproduzione dei suoni e la gestualità dei personaggi.**

20 ▸ **In piccolo gruppo. Scrivi un racconto che "fa paura". Leggilo ai compagni e insieme scegliete il racconto migliore da pubblicare sul giornalino o sul sito web della scuola.**

m1 PER CONCLUDERE...

UN GRAFICO

A ▸ Le nostre paure: misuriamole con un grafico

➨ Arrivato al termine di questo modulo, avrai notato che la paura è un sentimento piuttosto diffuso sia tra i giovani che tra gli adulti.

1 ▸ **Fai un sondaggio tra gli studenti della tua scuola e individua quali sono le paure più diffuse! Segui la procedura indicata.**

OBIETTIVO

Rilevare quali sono le paure più diffuse tra gli studenti della tua scuola, distinti in due fasce d'età (14-16 e 17-19

PROCEDURA

a. Preparazione di un questionario da somministrare ai compagni della tua scuola

In piccoli gruppi:
- definite il numero dei compagni da intervistare (per esempio le classi di un'intera sezione, oppure tutte le clas altro...)
- recuperate i dati raccolti durante l'attività 2 a pagina 9, con l'elenco di tutte le paure emerse
- decidete come impostare il vostro questionario (quali paure elencare, se lasciare attiva la voce "altre", se inseri domande aperte, ecc.)
- decidete se affiancare al questionario anche delle interviste da videoregistrare
- definite le vostre aspettative di risultato (cosa potrebbe emergere dalla vostra indagine? In che misura le paur degli altri studenti sono simili o diverse dalle vostre?)
- stabilite i tempi dell'intero progetto e le risorse a disposizione (aula PC, stampante, insegnante di matematica,
- stabilite le modalità di rilevamento dei dati (come e quando somministrare e raccogliere i questionari? Durant la pausa? Durante le ore di italiano? ...)
- stabilite le modalità di elaborazione dei dati (inserimento su PC, utilizzo di formule percentuali, elaborazione d grafici, ...)
- dividetevi i compiti

Al termine, confrontate le proposte dei diversi gruppi e concordate una procedura comune.

b. Fase di analisi o interpretazione dei dati

Dopo aver raccolto ed elaborato i dati, passate a interpretarli: confrontateli con le vostre aspettative iniziali (I risultati confermano le vostre ipotesi? O invece vi sorprendono perché molto diversi? Che spiegazione vi date?)

c. Disseminazione dei risultati

Pubblicazione dei risultati attraverso uno dei seguenti canali:
- sul sito web della scuola
- nel giornalino della scuola
- presentazione dal vivo alle classi interessate
- altri canali di vostro interesse

Prevedete di sviluppare i seguenti aspetti:
- come è nato il progetto
- presentazione degli esiti con spiegazione e commento del grafico
- aspetti rilevanti (positivi e negativi) dell'esperienza di indagine

B ▸ Le nostre paure: un *vademecum*

OBIETTIVO

Preparare un *vademecum* contenente consigli utili per far fronte alle situazioni di paura più comuni.

PROCEDURA

- Dividetevi in quattro gruppi di quattro alunni ciascuno: AAAA - BBBB - CCCC - DDDD.
- Nel gruppo individuate tre situazioni di paura tra le più comuni e scrivetele su tre cartellini.
- Riformate i gruppi: ciascuno studente va a formare un nuovo gruppo così composto ABCD - ABCD - ABCD - ABCD e comunica le tre situazioni.
- Nel gruppo ABCD, dopo aver eliminato i doppioni, incollate su un tabellone i cartoncini con le situazioni rimaste mettendole in ordine di importanza.
- In plenaria individuate le situazioni più comuni.
- Tornate nel gruppo iniziale e scrivete un suggerimento per ogni situazione.
- Esponete il *vademecum* dei gruppi alle pareti e valutateli sulla base di criteri condivisi.

SITUAZIONI	CHE COSA FARE?
1. ____________	1. ____________
2. ____________	2. ____________
3. ____________	3. ____________
4. ____________	4. ____________

m1

PER CONCLUDERE...

RIFLETTO SUL LAVORO SVOLTO

- Mi è piaciuto affrontare il tema della paura. sì ☐ no ☐
- Segno l'unità che ho trovato più interessante, che ho trovato più utile e che ho trovato più difficile.

	più interessante	più utile	più difficil
1. Quante paure!	☐	☐	☐
2. Effetto musica	☐	☐	☐
3. Effetto cinema	☐	☐	☐
4. Paure e sogni in grafici	☐	☐	☐
5. Esprimere e raccontare la paura	☐	☐	☐
Progetto A. Le nostre paure: misuriamole con un grafico	☐	☐	☐
Progetto B. Le nostre paure: un *vademecum*	☐	☐	☐

- Ho trovato più interessante l'unità / il percorso ________ perchè ________________________________

____

- Ho trovato più utile l'unità / il percorso ________ perchè ________________________________

____

- Ho trovato più difficile l'unità / il percorso perchè ________ perché ________________________________

____

- Indico le tre attività che ho trovato più interessanti e spiego perché.

unità ______ percorso______ attività______

____

unità ______ percorso______ attività______

____

unità ______ percorso______ attività______

____

- Indico le tre attività che ho trovato particolarmente difficili e spiego perché.

unità ______ percorso______ attività______

____

unità ______ percorso______ attività______

____

unità ______ percorso______ attività______

____

- I miei suggerimenti per rendere queste attività meno difficili (cosa mi avrebbe aiutato a superare le difficoltà

____

____

MI AUTOVALUTO

In questo modulo sono riuscito a...

	molto bene	bene	con qualche difficoltà	con parecchie difficoltà
	◡ ◡	• •	> <	× ×
parlare delle mie paure ed esprimere stati d'animo	☐	☐	☐	☐
porre domande in un'intervista	☐	☐	☐	☐
dare suggerimenti per tenere a bada la paura	☐	☐	☐	☐
scorrere una locandina per trovare le informazioni principali	☐	☐	☐	☐
leggere testi per cogliere gli atteggiamenti dei personaggi	☐	☐	☐	☐
leggere e interpretare un grafico	☐	☐	☐	☐
illustrare oralmente un grafico	☐	☐	☐	☐
scrivere una e-mail per confortare un amico	☐	☐	☐	☐
fare ipotesi sul finale di un racconto sulla base di indizi	☐	☐	☐	☐
fare un sondaggio sulla paura	☐	☐	☐	☐
scrivere un *vademecum*	☐	☐	☐	☐

Ho anche imparato a...

	molto bene	bene	con qualche difficoltà	con parecchie difficoltà
	◡ ◡	• •	> <	× ×
collaborare con i compagni	☐	☐	☐	☐
individuare alcuni ingredienti musicali per esprimere la paura	☐	☐	☐	☐
fare ipotesi sul contenuto di un film a partire dal trailer	☐	☐	☐	☐
interpretare un quadro osservando soggetto, forme e colori	☐	☐	☐	☐

Vorrei migliorare ______________________________

____

____

Per migliorare avrei bisogno di ______________________________

____

____

ISLANDIA
MONCHIQUE
JAPÃO
11006 KM
CUBA
POLON
2406 KM
CHILE
3917 KM
ADEIRA
920 KM
PANAMA
7596KM
CABO VERDE
2638 KM
BRASIL
5468KM
RUSSIA
3554KM

IL SENSO DEL VIAGGIARE

In questo modulo avrai modo di affrontare il tema del viaggio e dei diversi modi di viaggiare nel tempo attraverso la lettura di viaggi reali e immaginari, di articoli, racconti, stralci da opere letterarie, l'ascolto di canzoni e pezzi musicali di diverso genere, la visione di trailer di film... Alla fine del modulo avrai acquisito elementi conoscitivi e linguistici per progettare e realizzare uno spot pubblicitario.

m2 PER COMINCIARE

1 ▸ **Leggi il testo, tratto dal libro di Jovanotti *Il grande boh!*, poi abbina ogni immagine a un luogo citato. Al termine confronta con un compagno. Aiutati con le espressioni fornite di seguito.**

1

2

3

4

5

6

luoghi bellissimi che ho visto

la valle dei templi
il sahara
capo di buona speranza
la patagonia
manhattan
il mali
città del messico
l'avana
l'appennino tosco-romagnolo
la cappella sistina
il museo van gogh di amsterdam
il grande atlante in marocco
il canale di beagle
la casa simpson
katmandu
un monastero buddhista in thailandia
le celle di san francesco a cortona
il mercato di sangà nelle terre dogon
un locale di londra
una piazza di città del messico
machu pichu
la casa di neruda a isla negra
zabriskie point (nevada)
berlino
la casa di un mio amico
una capanna di fango molto accogliente
un palazzetto pieno
la scuola di musica dell'avana
gerusalemme
una strada di catania

da L. Cherubini, *Il grande Boh!*, p.54, Feltrinelli, 1998

7

8

9

10

11

12

per comunicare

Penso che la prima immagine sia... / riproduca...
Penso che si tratti di...
Potrebbe essere...
Sono sicuro/-a che è... perché...

JOVANOTTI

Jovanotti, nome d'arte di Lorenzo Costantino Cherubini (Roma, 27 settembre 1966), è un cantautore, rapper e disc jockey italiano.

Diventa famoso alla fine degli anni Ottanta. Dalla commistione di rap dei primi successi, tuttavia, Jovanotti si discosta ben presto avvicinandosi gradualmente al modello della world music (sempre interpretata in chiave hip hop e funky). All'evoluzione musicale corrisponde un mutare dei testi dei suoi brani, che, nel corso degli anni, tendono a toccare temi sempre più filosofici, religiosi e politici.

Parallelamente aumenta anche il suo impegno sociale e politico. Pacifista attivo, ha frequentemente collaborato con associazioni come Emergency, Amnesty International, Lega Anti Vivisezione (LAV).

Oltre a cantare, Jovanotti si dedica anche alla scrittura. Tra i suoi libri ricordiamo *Il grande boh!* (1998), diario dei suoi viaggi in bicicletta in Africa e in Patagonia.

2 ▸ **Pensa ai luoghi che hai visitato e che hanno avuto un significato particolare per te.**

- Prepara un elenco.
- Dai un ordine per te significativo (ordine cronologico, di importanza, luoghi simili tra loro e luoghi molto diversi, legati a ricordi belli, ecc.).

____

____

____

____

____

3 ▸ **In coppia. Presenta il tuo elenco al compagno, motiva l'ordine che hai dato ai luoghi da te visitati collegandoli a ricordi, episodi, emozioni...**

per comunicare

Ho scelto questo ordine perché...
Ho vissuto dei momenti emozionanti a / in ...
Un viaggio che non dimenticherò mai è quello che ho fatto a / in... perché...
Il viaggio più divertente / faticoso / stressante / noioso / avventuroso / confortevole... è stato...

UNITÀ 1. VIAGGIARE IERI E OGGI

PERCORSO A Che cosa è cambiato?

IN QUESTO PERCORSO
IMPARI A
- estrarre informazioni ut… a conoscere e confronta… i modi di viaggiare di ier… di oggi
- condurre un'intervista radiofonica usando informazioni tratte dai testi letti

1 **In gruppo. Discutete su cosa è cambiato nel modo di viaggiare da ieri a oggi e completate la tabella. Poi confrontate con la classe.**

VIAGGI IERI	VIAGGI OGGI
______________	______________
______________	______________
______________	______________
______________	______________
______________	______________
______________	______________
______________	______________
______________	______________
______________	______________

2 **Leggi il testo e confronta con le informazioni raccolte nell'attività 1. Segna con una *X* le differenze già riportate in tabella e aggiungi i nuovo aspetti.**

VIAGGIARE IERI E OGGI. CHE COSA È CAMBIATO?

Uno dei più grandi cambiamenti riguardo ai viaggi è stata la perdita dell'innocenza. Ricordi l'epoca in cui se eri un bambino simpatico potevi affacciarti nella cabina di pilotaggio di un jet senza essere scambiato per un terrorista in erba? O quando potevi salire a bordo con un litro e mezzo della tua bevanda preferita senza essere costretto a distribuire i liquidi in contenitori minuscoli e fastidiosi? O, infine, quando gli
5 uomini della sicurezza non si precipitavano a perquisirti nei momenti più inattesi?
Ciò che abbiamo perso in termini di innocenza, però, l'abbiamo guadagnato in comodità e informazione: prenotazioni online facilissime e recensioni dettagliate fino alle molle del letto o al tipo di cuscino. La prossima volta che ti metterai a cercare su Google consigli sulla migliore pensione o hotel, divertiti a fare un salto indietro con i ricordi. Gli spunti che seguono potrebbero esserti d'aiuto.
10

Decidere dove andare

Ieri: avresti sfogliato brochure e cataloghi in un'agenzia di viaggi o spulciato tra le pagine di una guida in libreria. Oppure, ti saresti lasciato ispirare dalle fotografie di un amico.
Oggi: l'accesso immediato a blog, video e social network ha ampliato i tuoi orizzonti. Puoi leggere
15 qualcosa sul cibo preferito dai camionisti di Portland[1] e, quasi senza accorgertene, trovarti al volante sulle strade della Pacific Northwest.

Come arrivare a destinazione

Ieri: voli meno frequenti, meno compagnie aeree e, soprattutto, meno low cost. Viaggiare era una
20 questione niente affatto istintiva, richiedeva maggiore programmazione, più pazienza e più tempo. E spesso eri costretto ad affidarti a un'agenzia di viaggi.
Oggi: navighi in cerca dell'offerta migliore, inserisci i dati della tua carta di credito e... sei già partito. Puoi fare il check in online, stampare il biglietto: l'agenzia di viaggi sei tu!

25
Scegliere e prenotare un hotel

Ieri: cataloghi, guide, passaparola e poi l'immancabile telefonata di prenotazione.

[1] Portland: città degli Stati Uniti d'America, nell'Oregon.

Oggi: scateni i tuoi strumenti di informazione online, dai motori di ricerca alle recensioni sul web di altri viaggiatori. E poi prenoti, sempre online.

30 **Quanto mi costi?**

Ieri: abbiamo chiesto a Bob, un nostro lettore e *backpacker*[2] di lungo corso. E ci ha detto: "Spesso i giovani viaggiatori mi dicono che secondo loro ai miei tempi si spendeva meno. Io rispondo che i 400 dollari che avrei speso all'epoca per un viaggio in nave di sola andata per il Regno Unito oggi sono diventati 50, per una settimana di viaggio! E così capiscono quanto sia conveniente viaggiare oggi".

35 Oggi: il pensiero un tempo inconcepibile di muoversi tra Londra e il Belgio spendendo poco più del prezzo di un biglietto del cinema è realtà.

Come restare in contatto

Ieri: scrivevi lettere, spedivi cartoline e a volte ti lanciavi in una telefonata intercontinentale. Se i tuoi amici

40 erano in viaggio, eri pronto a non sentirli per lungo tempo, per il semplice fatto che erano via! Ed eri certo che li avresti rivisti prima di persona che su You Tube.

Oggi: e-mail, Skype, Twitter, Facebook. La quantità dell'informazione è impressionante. Trovare una bella cartolina, invece, è diventata la vera impresa.

45 **Che cosa succede sul posto?**

Ieri: gli Uffici Turistici erano il riferimento principale.

Oggi: purtroppo alcuni hanno chiuso perché le persone cercano informazioni sul web. Con Googlemaps e il GPS, poi, è diventato (quasi) superfluo anche chiedere indicazioni stradali.

Oggi: vuoi sapere dove mangiare vegano a Ulan Bator[3]? Tranquillo, qualcuno avrà un blog su questo!

adattato da Jane Ormond, *www.lonelyplanetitalia.it*

[2] *backpacker*: termine inglese, da *backpack* (zaino) utilizzato anche in italiano. Indica chi viaggia in modo indipendente e non organizzato. Il *backpacker* in genere si sposta per periodi lunghi con un budget e un bagaglio limitato.

[3] Ulan Bator: capitale e principale città della Mongolia.

3 ▸ **Rileggi il testo, indica con una *X* se le affermazioni sono vere (V) o false (F) e correggi quelle false. Poi confronta con un compagno e motiva le tue risposte con riferimento al testo.**

	V	F
1. Oggi è maggiore il rischio di essere scambiati per terroristi. ______________________		
2. Oggi gli uomini della sicurezza possono perquisirti in qualsiasi momento. ______________________		
3. Oggi è più facile organizzarsi da soli e il turista dipende meno dalle agenzie. ______________________		
4. In passato organizzare un viaggio era un'operazione laboriosa. ______________________		
5. Secondo il *backpacker* Bob, oggi viaggiare costa meno. ______________________		
6. Oggi è ancora tradizione spedire cartoline quando si viaggia. ______________________		
7. Oggi gli uffici turistici continuano a rimanere il riferimento principale. ______________________		

4 ▸ **In coppia. Utilizzate i dati presenti nel testo e simulate un'intervista tra il conduttore di un programma radiofonico e l'operatore turistico. Ecco alcuni suggerimenti per organizzare il lavoro.**

INTERVISTA

In un'intervista radiofonica il tono delle domande e delle risposte deve essere discorsivo, leggero e piacevole per chi ascolta. L'obiettivo è far conoscere agli ascoltatori qualcosa in più sul tema trattato.

Istruzioni per IL GIORNALISTA

- prepara una scaletta di domande chiare e precise per far emergere le risposte dell'intervistato e il suo punto di vista (non il tuo!);
- formula prima domande semplici e generali e passa poi a quelle più specifiche;
- per rendere l'intervista più piacevole, puoi inserire tra le domande qualche aneddoto o breve battuta per divertire l'ascoltatore e rilassare l'intervistato;
- cerca di gestire le risposte dell'intervistato per mantenere i tempi e l'ordine che avevi programmato (se l'intervistato divaga o si perde, riportalo alla tua domanda);
- inizia con una breve presentazione del tema e del personaggio intervistato.

Puoi utilizzare le seguenti espressioni.

Per iniziare

Gentili ascoltatori, benvenuti alla nuova puntata della trasmissione… dallo studio… di… Oggi parleremo di… (breve sintesi introduttiva del tema trattato).

Abbiamo il piacere di ospitare oggi in studio… / È nostro ospite in studio… (breve presentazione dell'intervistato).

Oggi è qui con noi in studio… per parlare di…

Per introdurre aneddoti o far emergere il punto di vista dell'intervistato

È successo anche a Lei di …? / Qual è la sua esperienza al riguardo? / Cosa ne pensa? / Perché secondo Lei…?

Per introdurre le domande o passare a un altro argomento

Signor…, cosa è cambiato nel… ?

Parliamo ora di… / Per quanto riguarda… / Che mi dice di…? / A proposito di… quali differenze emergono più chiaramente?

Per concludere

Il tempo a nostra disposizione è terminato, ringrazio il nostro ospite…

A risentirci alla prossima puntata, in cui parleremo di…

Istruzioni per L'INTERVISTATO

- preparati a rispondere alle domande del giornalista: studia con attenzione le informazioni del testo *VIAGGIARE IERI E OGGI. CHE COSA È CAMBIATO?*
- puoi arricchire, aggiungere, modificare o stralciare informazioni;
- risolvi i dubbi lessicali, cerca dei sinonimi per riformulare con parole tue le espressioni per te più difficili;
- usa un linguaggio autonomo;
- pensa a eventuali altri esempi tratti dalla tua esperienza personale per arricchire il discorso e renderlo più interessante.

Puoi utilizzare le seguenti espressioni.

Per evidenziare il confronto tra ieri e oggi

Mentre ieri…, oggi… / Certamente in passato era più difficile…, invece oggi… / Grazie a… oggi è possibile… / Al contrario di quanto succedeva in passato, oggi… / È vero che in passato…, ma oggi…

Per chiarire meglio il tuo pensiero

Voglio dire che… / cioè… / in altre parole… / mi spiego meglio… / ad esempio…

UNITÀ 1. VIAGGIARE IERI E OGGI

PERCORSO B A spasso nel passato

IN QUESTO PERCORSO
IMPARI A

- fare ipotesi a partire da stimoli visivi
- ricavare informazioni da testi espositivi e narrativi sui viaggi del passato
- ricostruire una storia sulla base di elementi visivi
- scrivere la continuazione di un testo narrativo
- esporre oralmente un testo con l'aiuto di supporti visivi

1 **Osserva le immagini: descrivi cosa rappresentano, individua una relazione tra di loro e ipotizza a quale periodo storico si riferiscono.**

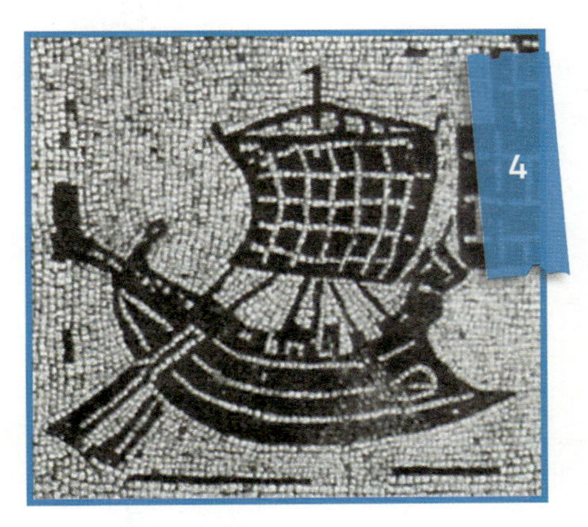

2 **In coppia. Fate delle ipotesi sui punti elencati.**

- quale distanza si poteva percorrere in un giorno
- quali difficoltà potevano nascere durante il viaggio
- per quali motivi si decideva di metttersi in viaggio

Nel testo seguente l'autore propone una breve storia del viaggio nell'antichità, illustrando modi, mezzi e curiosità.

3 ▸ **Scorri velocemente il testo e completa la tabella con i periodi storici e i luoghi menzionati.**

PERIODO STORICO	PAESE / REGIONE

VIAGGIARE NELL'ANTICHITÀ

Si può iniziare a parlare di viaggio con la formazione dei primi agglomerati urbani. Il viaggio nasce infatti dall'esigenza di comunicare tra un centro e l'altro. A spostarsi erano per lo più i commercianti, lungo i villaggi sorti in Mesopotamia e in Egitto dal IV secolo a.C.
Le due zone erano entrambe attraversate da fiumi, i quali favorivano gli spostamenti. Il fiume Nilo, ancora più che il Tigri e l'Eufrate, era molto adatto a questo scopo, perché poteva essere percorso nei due sensi: lo si risaliva grazie ai venti che soffiavano da Nord, mentre al ritorno ci si lasciava trasportare dalla corrente. I mercanti risalivano il Nilo fino alle grandi città per mezzo di zattere, sulle quali si trovavano otri, muli o asini. Una volta arrivati nelle grandi città vendevano tutto ciò che avevano, barca compresa, e ripartivano con il mulo e l'asino. Chi si spostava via terra lo faceva in genere a piedi o appunto con il mulo o l'asino. Il cavallo veniva utilizzato solo per spostamenti brevi. Da alcuni documenti si possono riscontrare chiari riferimenti alla velocità sulle strade. Si potevano percorrere fino a 40 chilometri in un giorno con un carro, su strade non pavimentate, più frequenti in pianura. I viaggiatori dormivano in allogg di fortuna e già a quei tempi era diffusa l'abitudine di lasciare impresso il proprio nome su di un muro, come pure quello di portare dei souvenir dai posti visitati. Non erano però solo i mercanti a spostarsi: c'era anche un grosso movimento di persone comuni durante le feste, che nell'antichità erano frequenti. Per favorire questi spostamenti fu creato un sistema di ospitalità: le locande, nei cui letti dormivano anche più persone.
Intorno al 500 a.C. il centro del commercio si spostò verso la Grecia e i mercanti greci cominciarono a percorrere il Mediterraneo in lungo e in largo, avendo a disposizione navi adatte anche a lunghe traversate. Viaggiare a quel tempo era piuttosto problematico: per gli alti costi del viaggio, per il rischio di dover portare con sé grosse somme di denaro e per la necessità di portare con sé anche cibi e vivande. In base ai documenti si può stilare una sorta di identikit del viaggiatore: in genere indossava una lunga veste di lana con una cintura che serviva, in caso di terreno allagato o fangoso, per allacciarvi la veste. Aveva con sé anche una sorta di mantello di lana e un cappello. Quanto alle calzature si usavano sandali, mentre l'uso delle calze non era previsto.
Con la nascita dell'Impero romano intorno al I secolo a.C. il centro dei commerci diventò la città di Roma, dove arrivavano prodotti dai luoghi più disparati, mentre cresceva la necessità di rifornire di merci anche le altre grandi città del Mediterraneo.

Aumentò il numero dei viaggiatori e la rete stradale romana, inizialmente creata per scopi militari, si
30 sviluppò e fu utilizzata anche per gli spostamenti commerciali.
Si viaggiava anche per motivi di salute: molti erano coloro che si recavano ai santuari per farsi curare o per interrogare gli oracoli. Stesso discorso valeva anche per i giochi: quelli del circo attiravano molta gente che per assistervi veniva anche da fuori Roma. Con l'Impero romano nacque anche la vacanza come la intendiamo oggi. Ovviamente solo i ricchi se la potevano permettere: si partiva in genere in primavera per
35 recarsi nelle ville al mare e si finiva durante l'estate nelle ville in collina.
Quando nell'Impero romano cominciò ad essere tollerato il Cristianesimo iniziarono anche i pellegrinaggi. Gruppi di pellegrini si organizzavano per raggiungere i luoghi di fede. Lungo le strade che portavano a destinazione vi erano luoghi di rifugio e di ristoro. Spesso però si doveva far ricorso anche all'ospitalità della gente.

adattato da *Storia del viaggio e del turismo* di C. Astengo, *www.unige.it*

4 ▸ **Rileggi il testo e segna con una *X* le informazioni contenute nel testo.**

☐ **1.** Nell'antichità il viaggio era necessario per scopi commerciali.
☐ **2.** Si doveva viaggiare anche per giorni interi prima di raggiungere la meta stabilita.
☐ **3.** I mezzi di trasporto erano piuttosto scomodi.
☐ **4.** I viaggiatori affrontavano parecchi pericoli.
☐ **5.** Il viaggiatore doveva portare con sé tutto il necessario.
☐ **6.** Spesso nelle locande non si trovava posto per mancanza di letti.
☐ **7.** Il viaggiatore portava di solito sandali senza calze.
☐ **8.** Con la nascita dell'Impero romano viaggiare via terra diventa più agevole.
☐ **9.** In questo periodo sorgono molti luoghi di culto.
☐ **10.** I Romani ricchi facevano vacanze estive e invernali.
☐ **11.** I viaggi verso località sacre iniziano con i Cristiani.

5 ▸ **In coppia. Riferendovi al testo, chiarite i punti elencati.**

- per quale motivo è nato il viaggio nell'antichità
- chi erano i primi viaggiatori
- quali erano i primi mezzi di trasporto
- quanti chilometri si potevano percorrere in un giorno
- quali erano le difficoltà che incontrava un viaggiatore
- quando è nata l'idea del viaggio come vacanza
- chi erano i pellegrini

6 ▸ **In gruppo. Annotate i motivi per cui si viaggiava ieri e oggi. Considerate i seguenti aspetti: economia, salu religione, tempo libero.**

___

___

___

___

___

7 ▸ **In passato si viaggiava per diversi motivi. Indica a quali percorsi si riferiscono le immagini. Confronta con compagno e motiva la tua scelta.**

a. Il cammino di Santiago

b. La via francigena

c. La quarta e la quinta crociata (XIII sec.)

d. La via della seta

1. ☐

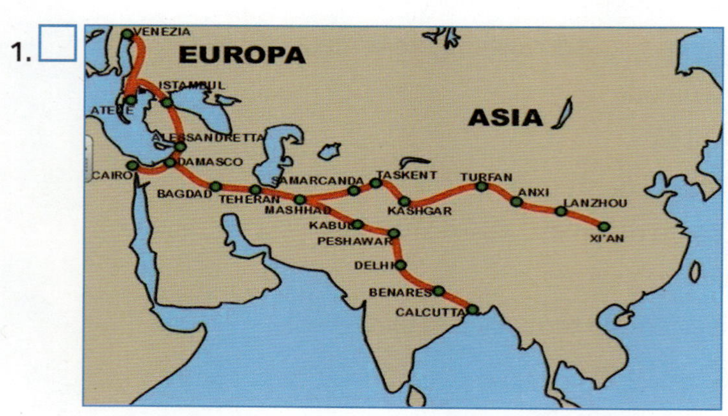

2. ☐

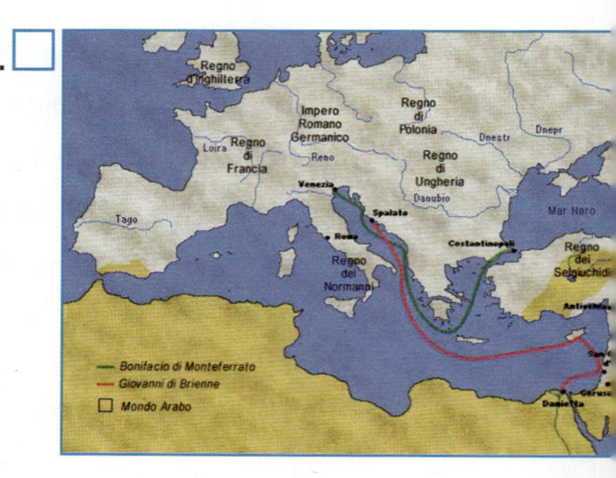

3. ☐

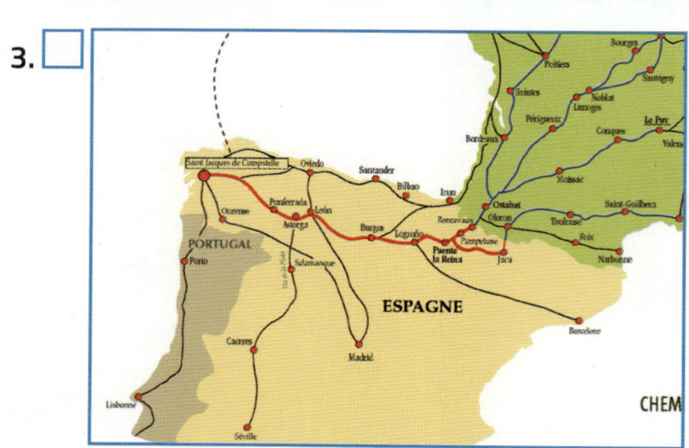

4. ☐

per comunicare

Penso che la prima cartina si riferisca a... perché traccia il percorso che va da... a... quando... allo scopo di...

8 ▸ **In coppia. Chi erano i viaggiatori nel Medioevo? Abbina parole e immagini. Ipotizza scopi e destinazioni del viaggio e mezzi di trasporto utilizzati.**

artisti di strada | mercanti | cavalieri | chierici | crociati | maestri costruttori | menestrelli | pellegrini

1. ______________________

2. ______________________

3. ______________________

4. ______________________

5. ______________________

6. ______________________

7. ______________________

8. ______________________

per comunicare

In passato a viaggiare erano... / viaggiavano soprattutto...
In passato si viaggiava per...
Gli itinerari / Le rotte / Le mete di viaggio erano...
I mezzi di trasporto utilizzati erano...

9 ▸ **Leggi il testo e verifica le ipotesi formulate nell'attività 8.**

I VIAGGI NEL MEDIOEVO

A quell'epoca viaggiare era difficile. Le strade erano polverose d'estate e fangose d'inverno. In pianura occorrevano 3 o 4 giorni per percorrere 160 chilometri. Pochi potevano permettersi dei cavalli e i carri agricoli erano scomodi e malsicuri. Soltanto i capi militari, i funzionari e i vescovi si spostavano a cavallo, di solito con un seguito di soldati.
5 Se si viveva vicino al mare era più rapido navigare, ma i naufragi erano frequenti e i pirati aspettavano al varco le navi che si allontanavano dalla costa. La navigazione fluviale era lenta e i fiumi più importanti, come il Rodano e il Reno, attraversavano terre di confine senza legge. Viaggiare a piedi era ancora più lento: una persona allenata percorreva solo 19-24 chilometri al giorno. Nonostante tutte queste difficoltà, nel Medioevo erano in molti a viaggiare, individui di ogni strato sociale che viaggiavano per
10 rispondere ad esigenze di varia natura: economiche e professionali, di potere, spirituali, per desiderio di conoscenza. I viaggi medievali per lo più erano brevi. I braccianti agricoli e le contadine portavano le merci al mercato. I mercanti effettuavano regolari viaggi di lavoro per acquistare lane e stoffe. I funzionar governativi recapitavano i messaggi del re; i giudici andavano da una città all'altra per tenere corti di giustizia. I pellegrini viaggiavano per raggiungere i santuari più famosi del tempo. A mettersi in viaggio
15 spesso erano anche studenti, istruiti per occupare cariche in comune o in chiesa, ma anche monaci, pover laboriosi, disoccupati in cerca di lavoro, giovani apprendisti, schiavi, mendicanti, menestrelli, criminali, lebbrosi e naturalmente anche i briganti. Talvolta i mercanti tentavano di confondersi con gruppi di pellegrini per eludere il versamento di tariffe doganali ed altre forme di esazione.
Oltre al cattivo stato delle strade, bisognava fare i conti con l'insicurezza del viaggio e con l'eccessiva
20 quantità di pedaggi che venivano richiesti in ogni occasione per recarsi da un paese all'altro, per attraversare una valle, una città o un ponte. Per sicurezza si viaggiava solo di giorno, in gruppo, cambiando spesso strada. Si procedeva lentamente. Le merci venivano trasportate da animali da soma o da carri, che percorrevano dai 25 ai 30 chilometri al giorno se la strada era pianeggiante. I corrieri imperiali o i messaggeri dei conti riuscivano a percorrere a cavallo anche 60 chilometri al giorno. Chi
25 invece si spostava con una certa tranquillità erano i pellegrini. Essi si mettevano in viaggio per vari motivi: per pura devozione, per ottenere il perdono, per espiare delle colpe, come ringraziamento per una grazia, per ottenere qualcosa da Dio per sé o per altri. Tre erano le mete predilette dai pellegrini: Santiago de Compostela, Roma e, ovviamente, Gerusalemme e la Terra Santa.

adattato da *http://www.triesterivista.*

10 ▸ **Completa la tabella. Poi confronta con un compagno.**
Utilizza il sito www.triesterivista.it/viaggi/viaggiomedio/index.htm **per aggiungere le informazioni mancanti.**

CHI VIAGGIAVA?	DOVE ANDAVA?	COME SI MUOVEVA?
braccianti agricoli e contadine	*mercati / fiere*	*a piedi / su carri agricoli*

Leggerai ora il racconto di una parte del viaggio di frate Matthew, protagonista del romanzo *Il mercante di lana*, di Valeria Montaldi, ambientato nel XIII secolo.

VALERIA MONTALDI

Valeria Montaldi è giornalista e scrittrice. Nata a Milano nel 1949, dopo una ventina d'anni di carriera giornalistica ha esordito nel 2001 con il suo primo romanzo *Il mercante di lana*, che ha ottenuto vari riconoscimenti. In seguito sono stati pubblicati altri romanzi, tutti ambientati nel Medioevo, dai castelli della Valle d'Aosta ai vicoli di Milano, dai boschi del contado lombardo fino alle strade di Parigi. L'autrice vive e lavora a Milano.

Il romanzo *Il Mercante di lana* narra il viaggio di frate Matthew, costretto a lasciare il suo convento nella lontana Inghilterra, colpevole di aver offerto riparo a una giovane accusata di stregoneria. Un lungo viaggio lo attende, attraverso l'Europa del XIII secolo. Incontrerà briganti e prostitute, ladri e mercanti; conoscerà l'ospitalità di ricchi castellani e di poveri contadini, sino a giungere alla valle che oggi chiamiamo di Gressoney, dove vive una piccola comunità walser di Felik. Una strana atmosfera regna su quel villaggio, dove il cuore di tutti sembra essersi inaridito, fino al giorno in cui una fitta neve che pare tinta di rosso inizierà a cadere.

11 ▸ **Leggi il racconto. Poi osserva le immagini a pagina 80 e ricostruisci il contenuto del testo.**

IL LUNGO CAMMINO DI FRATE MATTHEW

Quando ripresero il cammino, nuvole sfilacciate si stavano ammassando nel cielo. Otto disse ai suoi compagni di viaggio di affrettare la marcia, perché, secondo lui, si stava preparando una tempesta che li avrebbe colti prima di arrivare a qualche riparo. Le prime rade gocce di pioggia caddero di lì a poco per diventare, verso l'ora nona, una vera e propria bufera: il vento sferzava uomini e animali, l'acqua mista a
5 neve inzuppava vesti e masserizie, il torrente si ingrossava a vista d'occhio, invadendo a tratti il sentiero. [...]

Vedendo il frate tremante di freddo, Otto gli diede un vecchio mantello di lupo con cui ripararsi. Proseguirono in quell'inferno fino ai vespri, quando, diminuita l'intensità della bufera, giunsero finalmente in vista di una grande costruzione in legno simile a una stalla. Qui ripararono le bestie, accesero un fuoco
10 e, dopo aver mangiato ancora qualcosa, si sistemarono per passare la notte. [...]

La legna del fuoco ardeva, alimentata dal vento che si insinuava tra le pareti del riparo. Mentre il vino di Otto gli riscaldava le viscere, Matthew si rese conto che, se avesse voluto continuare il viaggio con lui, avrebbe dovuto fornire delle spiegazioni alla sua guida. Confidando nell'aiuto di Dio, decise di dire la verità, senza nascondere nulla. [...] Dopo avergli spiegato il motivo del suo allontanamento dal convento
15 di Saint Albans, e avergli raccontato l'inizio del suo viaggio verso la terra di Francia, Matthew proseguì la sua storia. «A Calais mi sono fermato due giorni, poi mi sono diretto verso Saint-Omer, dove i confratelli dell'abbazia di Notre Dame mi hanno dato ospitalità, indicandomi la strada che avrei dovuto seguire per arrivare a Vézelay. Sono passato dal villaggio di Arras, pieno di mercanti, di fabbri e di carpentieri e ho proseguito senza fermarmi, con l'intenzione di arrivare nei pressi di Parigi nel giro di cinque giorni.
20 C'erano altri mercanti come voi, diretti a Laôn: li ho seguiti fino a che le nostre strade si sono divise, poi ho continuato da solo. Il cammino era più lungo di quanto pensassi e la neve aveva in parte ricoperto la strada [...]. Non potevo fare altro che cercare un riparo per la notte, così ho preso un sentiero che si inoltrava tra gli alberi: al di là si intravedeva una radura in mezzo a cui sorgeva una casupola di contadini. Lì meditavo di chiedere ospitalità fino all'alba. Ma Dio non aveva ancora finito di mettermi alla prova: d'un tratto, quando ero quasi fuori dal sentiero, ho sentito un grande frastuono di zoccoli alle mie spalle. In un attimo sono stato affiancato da due...».

Valeria Montaldi, *Il mercante di lana*, Bur, 2011, pp. 29-30

Otto e i suoi compagni di viaggio devono affrettarsi perché sta per arrivare una bufera...

12 ▸ **Mettiti nei panni di frate Matthew e continua il racconto in prima persona. Scrivi un testo di circa 150 parole.**

Immagina:
- in quale pericolo sta per incorrere;
- cosa o chi lo potrebbe salvare;
- come affronta la situazione;
- come si conclude l'episodio.

13 ▸ **Confronta la tua versione con il testo originale.**

... briganti che cavalcavano due enormi cavalli da guerra, sicuramente rubati ai loro nobili proprietari. Uno dei due banditi impugnava un corto pugnale, che brillava alla luce della luna, l'altro reggeva un'ascia. Entrambi scesero dalle loro cavalcature e mi si fecero addosso minacciosi, brandendo le loro armi. Senza neanche dire una parola, uno dei due mi strappò la sacca dalle spalle, mentre l'altro mi gettò a terra frugandomi sotto la veste, per trovare la borsa col denaro. (5)
Gridai, chiesi pietà, domandai che mi lasciassero almeno la fibbia di cuoio e argento che mi chiudeva il cappuccio. Era l'unico ricordo che conservavo di mia madre: me l'aveva donata al mio ingresso al convento. Il più alto e grosso dei due me la strappò dalla veste con un colpo secco e scoppiò in una risata catarrosa.
"Cosa vuoi da noi, frate, l'elemosina? Ebbene te ne daremo due!" (10)
Detto questo mi colpì alla testa con il manico dell'ascia, mentre l'altro mi sferrava una pugnalata alla spalla. Caddi a terra rovinosamente, affondando nella neve fradicia [...]. Poi la coscienza mi abbandonò.
Mi risvegliai su un paglericcio: avevo accanto una donna anziana che mi bagnava la fronte e mi guardava. [...] Quando ricominciai a ragionare la contadina mi spiegò che era stato il suo ultimo figlio a trovarmi sul limitare del bosco e che insieme mi avevano trasportato fin lì, dove lei mi aveva nascosto e curato. (15)

14 ▸ **In gruppo. Scegliete un aspetto dei viaggi medievali che vi ha colpito e preparate un testo da presentare alla classe. Trovate di seguito alcuni suggerimenti per organizzare il vostro lavoro.**

PRESENTAZIONE ORALE

- Scegliete quale argomento presentare (ad esempio le tipologie di viaggio, la sicurezza sulle strade, gli itinerari più famosi, come e dove si pernottava, i pericoli, ecc.).
- Con l'aiuto dell'insegnante, cercate fonti autorevoli e affidabili su Internet.
- Fate un elenco degli aspetti che volete trattare e decidete secondo quale ordine esporli.
- Date una struttura al vostro lavoro: progettate una breve introduzione in cui presentate l'argomento e dove spiegate i motivi per cui lo avete scelto; proseguite con una sintesi delle informazioni che avete trovato; concludete con una riflessione sul tema trattato.
- Controllate che il vostro lavoro sia scorrevole e chiaro e che le frasi siano collegate logicamente le une alle altre.
- Potete inserire immagini o fotografie per documentare, chiarire o esemplificare.
- Scegliete un titolo efficace.
- Organizzate la vostra esposizione su cartellone o su computer, oppure utilizzando foglietti promemoria.

UNITÀ 1. VIAGGIARE IERI E OGGI

PERCORSO C Viaggiatori da sempre

IN QUESTO PERCORSO
IMPARI A
- confrontare i viaggi di ieri e oggi e i relativi vantaggi e svantaggi
- ascoltare per ricavare informazioni sulle abitudini e preferenze di viaggio degli italiani

1 **Leggi le citazioni di alcuni autori del passato e scopri almeno un aspetto comune. Confronta con un compagno.**

H.B. Stendhal

J'étais arrivé à ce point d'émotion où se rencontrent les sensations célestes données par les beaux-arts et les sentiments passionnés. En sortant de Santa Croce, la vie était épuisée chez moi, je marchais avec la crainte de tomber.

Lord Byron

Shakespeare and Otway had a million advantages over me [...]; let me then preserve the only one which I could possibly have - that of having been at Venice, and entered more into the local spirit of it. I claim no more.

A. Mozart

Es sind nun siebzehn Jahre her, daß ich Italien sah. Wer, der es einmal sah, insonderheit Neapel, denkt nicht sein Leben lang daran?

H. Heine

Ich bin den ganzen Tag in Florenz herumgeschlendert, mit offenen Augen und träumendem Herzen. Sie wissen, das ist meine größte Wonne in dieser Stadt, die mit Recht den Namen *la bella* verdient. Wenn Italien, wie die Dichter singen, mit einer schönen Frau vergleichbar, so ist Florenz der Blumenstrauß an ihrem Herzen.

Mme De Staël

Le Colisée, la plus belle ruine de Rome, termine la noble enceinte où comparaît toute l'histoire. Ce superbe édifice, dont les pierres seules dépouillées de l'or et des marbres subsistent encore, servit d'arène aux gladiateurs combattant contre les bêtes féroces.

F. Grillparzer

Gelobt sei Gott! Die Stund' ist da!
Den Wanderstab in die Hand!
Zu dir hin gehts, Italia:
Du hochgelobtes Land!

Henry James

Adorable Italy in which, for the constant renewal of interest, of attention, of affection, these refinements of variety, these so harmoniously grouped and individually seasoned fruits of the great garden of history, keep presenting themselves!

J.W. Goethe

Kennst du das Land, wo die Zitronen blühn,
Im dunkeln Laub die Goldorangen glühn,
Ein sanfter Wind vom blauen Himmel weht,
Die Myrte still und hoch der Lorbeer steht?
Kennst du es wohl? Dahin!
Dahin möcht' ich mit dir,
O mein Geliebter, ziehn.

Die Begierde, nach Rom zu kommen, war so groß, wuchs so sehr mit jedem Augenblicke, daß kein Bleiben mehr war, und ich mich nur drei Stunden in Florenz aufhielt. Nun bin ich hier und ruhig und, wie es scheint, auf mein ganzes Leben beruhigt. Denn es geht, man darf wohl sagen, ein neues Leben an, wenn man das Ganze mit Augen sieht, das man teilweise in- und auswendig kennt. Alle Träume meiner Jugend seh' ich nun lebendig; [...] wohin ich gehe, finde ich eine Bekanntschaft in einer neuen Welt; es ist alles, wie ich mir's dachte, und alles neu.

per comunicare

La citazione di... ha in comune con la citazione di... il fatto che...
Mentre X sostiene che il viaggio sia... Y afferma che...
Come X, anche Y ritiene che...
Agli occhi di X l'Italia appare come...
L'Italia viene descritta come...

➡ Nel testo trovi alcune informazioni sui viaggiatori che visitarono l'Italia a partire dal XVI secolo.

2 ▸ **Leggi il testo e trova, nella pagina successiva, il sinonimo delle parole o delle espressioni evidenziate.**

GRAND TOUR - IL VIAGGIO PER IMPARARE A VIVERE

Coniato da Richard Lassels in occasione del suo viaggio in Italia del 1670, il termine *Grand Tour* si riferisce ai viaggi in Francia, in Svizzera e nel sud dell'Europa, di carattere educativo, fatti da una élite di giovani nordeuropei, in maggioranza britannici. La **destinazione** principale era comunemente l'Italia, dove giovani artisti, aristocratici e uomini di stato venivano ad ammirare le testimonianze della cultura classica. Le
5 origini risalgono al XVI secolo, ma il Tour **toccò il suo apice** nei secoli tardo XVII e XVIII.
Il *Grand Tour* poteva durare da pochi mesi a qualche anno, quindi solo chi disponeva di sufficiente tempo libero e di denaro poteva permetterselo. Attraverso il Tour i giovani imparavano a conoscere la politica, la cultura e l'arte delle terre visitate. Il *Grand Tour* fu il primo episodio documentato di turismo di massa, che anticipò due secoli fa le stagionali migrazioni per sfuggire ai grigiori del Nord e ricercare il sole del
10 Sud. Ma i circa centomila inglesi e le molte migliaia di tedeschi, scandinavi e russi che nel Settecento **calarono** in Italia erano attratti, più che dal sole inteso come invito alla spiaggia, dal richiamo dell'arte e della cultura, intesi come luce e come vita. Ci fu un momento, nel XVIII secolo, in cui la cultura di un nobile, di uno scrittore o semplicemente di una signorina di buona famiglia non poteva essere completa senza un viaggio culturale europeo, con l'Italia come meta essenziale. *Un uomo che non sia stato in Italia* – scriveva
15 Samuel Johnson – *sarà sempre cosciente della propria inferiorità, per non avere visto quello che un uomo dovrebbe vedere.*
Perché l'Italia?
Il gusto del XVIII secolo **venerava** l'arte classica e la cultura degli antichi. Gli inglesi, in particolare, erano attratti in Italia dalla nostra cultura e dal desiderio di ammirare in prima persona i monumenti della civiltà
20 antica, come il Colosseo, o le meraviglie della natura, come le eruzioni vulcaniche del Vesuvio. Ma anche se si trattava di una "**fugace**" visita alle capitali (che comunque non durava meno di cinque o sei mesi), la preparazione del *Grand Tour*, alla quale a partire dal Cinquecento si dedicavano avventurieri, attori, letterati e poi i **rampolli** dei nobili o di ricche famiglie, era **minuziosa** e richiedeva forse anni. Esisteva una serie di regole complicate, di norme di sopravvivenza, di **precauzioni**, di scelte di abiti, di carrozze
25 e locande, come racconta Attilio Brilli in *Quando viaggiare era un'arte*, del 1995, che delinea il profilo del buon viaggiatore, cioè di colui che riusciva a trarre più profitto in tutti i campi della sua formazione e a imbattersi in rischi minori.
La "mania", in ogni caso, dilagava come un febbre in tutta Europa e i giovani travolti dalla passione per questa difficile arte del viaggiare non erano certo in pochi: furono circa 40 mila le presenze annuali
30 straniere tra Francia e Italia a metà del secolo dei Lumi, in crescita nel tempo.

adattato da http: *www.informagiovani-italia.com/grand_tour.htm*

1. la destinazione
   - [ ] a. la mèta
   - [ ] b. il destino
   - [ ] c. lo scopo

2. toccò il suo apice
   - [ ] a. raggiunse il colmo della felicità
   - [ ] b. raggiunse il punto di massimo successo
   - [ ] c. raggiunse il fondo

3. calarono
   - [ ] a. aumentarono
   - [ ] b. scesero
   - [ ] c. salirono

4. venerava
   - [ ] a. disprezzava
   - [ ] b. odiava
   - [ ] c. amava

5. fugace
   - [ ] a. duraturo
   - [ ] b. breve
   - [ ] c. eterno

6. rampolli
   - [ ] a. discendenti
   - [ ] b. servitori
   - [ ] c. conoscenti

7. minuziosa
   - [ ] a. attenta ai minimi particolari
   - [ ] b. grossolana
   - [ ] c. imprecisa e superficiale

8. precauzioni
   - [ ] a. accorgimenti per evitare pericoli
   - [ ] b. disattenzione
   - [ ] c. regole sull'etichetta

3 ▸ **Segna con una X se le affermazioni sono vere (V) o false (F) e correggi quelle false.**

		V	F
1.	Nel passato, a compiere il *Grand Tour* erano soprattutto gli aristocratici.		
2.	Si parla di *Grand Tour* a partire dalla seconda metà del Trecento fino al Cinquecento.		
3.	Il *Grand Tour* era considerato un viaggio di istruzione e un'esperienza indispensabile per un giovane di buona famiglia.		
4.	Il *Grand Tour* era un fenomeno di turismo climatico, alla ricerca del benessere e del relax.		
5.	Questo tipo di turismo non comprendeva la visita alle capitali.		
6.	Era considerato un buon viaggiatore chi si esponeva ai pericoli e amava i viaggi scomodi.		
7.	La destinazione preferita dei viaggiatori inglesi era l'Italia, soprattutto per il suo patrimonio artistico.		
8.	A metà Ottocento la presenza di turisti stranieri in Italia e in Francia si aggirava intorno alle 40 mila presenze all'anno.		

4 ▸ **In coppia. Con riferimento al testo, svolgete i punti elencati.**

- individuate almeno tre differenze tra il turismo d'élite descritto nel testo e il turismo di massa di oggi
- elencate alcuni vantaggi e svantaggi legati ai due diversi tipi di turismo

per confrontare

Il turismo di... si riferisce a... / è un fenomeno che riguarda... / è così definito perché...
In entrambi i casi si tratta di...
Invece... / D'altro canto...
La differenza fondamentale tra... e... è che...

per elencare

Dal mio punto di vista (il turismo... è più vantaggioso) in primo luogo perché...; in secondo luogo perché...; inoltre...; infine...
Ritengo che un primo vantaggio sia... / Un altro vantaggio è...
Gli svantaggi del turismo... sono soprattutto...

IL VERBO *VIAGGIARE*

Il verbo **viaggiare** può essere usato con il significato di andare in luoghi e paesi lontani, fare un viaggio, peregrinare = viaggiare per mare, per terra, a piedi, in treno, a cavallo, in incognito.

In italiano alcuni verbi intransitivi, come **viaggiare**, richiedono l'ausiliare **avere**:

camminare	*nuotare*	*passeggiare*	*percorrere*
proseguire	*pattinare*	*remare*	*sciare*
vagabondare	*vagare*	*pedalare*	*zoppicare*

- *Markus **ha viaggiato** molto.*
- ***Abbiamo camminato** tutto il giorno.*
- ***Abbiamo passeggiato** per tre ore.*
- ***Ho nuotato** per mezz'ora.*

5 ▸ **Completa il testo con i verbi al passato prossimo.**

arrivare | continuare | dirigersi | percorrere | proseguire | raggiungere
scendere | vagabondare | varcare | viaggiare

1. ____________ senza meta fin troppo a lungo in questo paese, e quindi ho deciso di ripartire per un lungo viaggio. Ho fatto un giro da solitario, con una bici sportiva, due borse da motorino agganciate al portapacchi posteriore, mentre sul portapacchi anteriore ho agganciato una tendina canadese a un posto. **2.** ____________ più di 2.500 chilometri in 20 giorni. Dalle colline di Roccastrada **3.** ____________ al mare verso Livorno, ho fatto tutta la costa fino a Ventimiglia, dove **4.** ____________ il confine. In seguito **5.** ____________ lungo la Costa Azzurra, ho visitato la Camargue, continuato verso Montpellier con soste nei posti più belli e più pittoreschi.

6. ____________ la meta che mi ero proposto, ovvero Pamplona, ma **7.** ____________ poi verso l'Atlantico e **8.** ____________ a Biarritz. Da lì **9.** ____________ verso il centro, percorrendo tutta la valle della Loira e visitando parecchi castelli. Ho puntato poi verso nord-est, per rientrare in Italia attraverso il tunnel del Monte Bianco, che evidentemente non ho potuto fare in bici: il mio fedele mezzo meccanico ed io **10.** ____________ da Chamonix a Courmayeur con il Mont Blanc Express per intraprendere la via del ritorno.

➡ Ascolterai ora un brano tratto dalla trasmissione radiofonica *Tutto esaurito* di Radio105 del 01/07/201
contenente alcune considerazioni sulle abitudini degli italiani in vacanza.

16

6 ▸ **Ascolta il brano e annota le informazioni mancanti.**

1. A cosa è importante prestare attenzione quando si va in vacanza: ______________________
2. Meta preferita dagli italiani: ______________________
3. Altre destinazioni: ______________________
4. Regione più scelta dagli italiani: ______________________
5. Percentuale di italiani che amano tornare nello stesso posto ogni anno: ______________________

7 ▸ **Riascolta il testo e completa con la parola mancante. Poi confronta con un compagno.**

1. Questa mi piace, mi piace perché è un ______________________ e parla, proprio adesso, anche del weekend, delle vacanze.
2. Fate attenzione e questo a volte viene ______________________.
3. Perché vi potrebbe ______________________ la vita, la gente sbagliata!
4. Sembra che il mare comunque si confermi la ______________________ preferita dagli italiani.
5. Poi ci sono le città d'arte, i tour al 3 % e a pari ______________________ il lago, al 3% come dicevamo.

UNITÀ 1. VIAGGIARE IERI E OGGI

PERCORSO D Pubblicità del viaggio. Viaggio nella pubblicità

IN QUESTO PERCORSO
IMPARI A

- esprimere gusti e preferenze in materia di viaggio
- riconoscere e analizzare alcune strategie del messaggio pubblicitario
- tradurre un testo in grafico

1 **Ipotizza di fare un viaggio. Aiutati con le domande-guida. Poi confronta con un compagno.**

- Preferisci organizzare il tuo viaggio da solo o affidarti a un'agenzia?
- Quando viaggi preferisci andare in campeggio, affittare una stanza, pernottare in albergo, o cos'altro?
- Quando vai in vacanza scegli una vacanza breve o lunga (oltre i 10 giorni)?
- Quale forma di viaggio prediligi (escursionismo, viaggio culturale, visita a grandi città...)?
- Con chi vai in vacanza (da solo, con un amico, con un gruppo di amici, con i famigliari...)?
- Dove preferisci recarti (Italia, Europa, America, Asia, Australia...)?

2 **Leggi il testo e trova punti di contatto e differenze con quanto da te espresso nell'attività 1.**

VACANZE FAI DA TE? I GIOVANI PREFERISCONO NATURA E VIAGGI FORMATIVI

"Vacanza fai da te? Ahi ahi ahi ahi!" I giovani italiani sfatano il mito di uno spot pubblicitario di qualche anno fa e scelgono di organizzare da soli il proprio viaggio, all'insegna dell'avventura e della natura. È quanto emerge da un'indagine di Cts (Centro Turistico Studentesco) su gusti e abitudini dei giovani in materia di viaggi, realizzata nell'ambito del progetto Educa.Re (Educare Responsabile), insieme 5 all'associazione Carta Giovani e cofinanziata dal Ministero del Lavoro e delle Politiche Sociali.
Secondo i risultati dello studio, condotto su un campione di 306 ragazzi, l'82% dei giovani fra i 16 e i 35 anni organizza la propria vacanza autonomamente, basandosi sulle informazioni raccolte sul web e acquistando su internet biglietti aerei o ferroviari o addirittura interi pacchetti vacanza. Il primo criterio su cui si basa la scelta della struttura in cui soggiornare è il rapporto qualità / prezzo: il 52% dei giovani 10 preferisce i bed & breakfast o gli affittacamere, mentre il 48% preferisce gli alberghi.
Tra le tipologie di vacanza più apprezzate c'è la classica settimana (preferita dal 45% degli intervistati), seguita dalle vacanze lunghe oltre i 10 giorni (29%) e dai weekend (26%), che però sono gettonatissimi durante l'anno: in media i giovani ne organizzano almeno 4.
L'obiettivo dei giovani che vanno in vacanza è visitare posti nuovi (68%): il 61% predilige i viaggi culturali 15 (tour archeologici, città d'arte), mentre il 59% apprezza i viaggi formativi, quelli in cui è possibile fare volontariato, imparare un mestiere o una lingua straniera. Il 37% infine ama trascorrere le vacanze a contatto con la natura (aree protette, escursionismo, agriturismo, turismo rurale).
Le vacanze, inoltre, sono anche un'occasione per rafforzare i rapporti con gli amici: l'81% ama viaggiare con un gruppo di persone con il quale condivide gli stessi interessi. Tra le mete più gettonate, i giovani 20 prediligono l'estero (89%): l'Europa è in testa con il 53%, seguita dall'America con il 22% e dall'Asia.

adattato da *http://viaggi.excite.it*

3 **In coppia. Utilizza i dati ricavati dal testo e prepara un grafico sulle preferenze dei giovani di oggi in materia di viaggio. Poi illustra il tuo grafico alla classe.**

Nel testo che hai letto si fa riferimento a uno spot pubblicitario realizzato da Alpitour (società che opera dal 1947 nel settore delle vacanze organizzate).
Per pubblicizzare la stagione turistica 2013 Alpitour ha deciso di riutilizzare parte di vecchi spot degli anni '8 ambientati in Marocco e Messico, e ha creato un video.

17

4 ▸ Guarda il video e riordina le immagini.

a. i passeggeri

b. *Ahi ahi ahi!*

c. la famiglia

d. *Noooo!*

e. *Turisti fai da te?*

f. l'autista

g. i turisti

i. il pulmino

1	2	3	4	5	6	7	8
____	a	____	____	____	____	____	____

5 ▸ **Leggi il testo nel riquadro. Poi guarda nuovamente il video e segna con una *X* la risposta corretta.**

LO SPOT PUBBLICITARIO

Uno **spot pubblicitario** è formato da tre elementi principali: immagini, musiche e parole. Per leggere e interpretare al meglio questi tre aspetti, bisogna capire come sono organizzati, come vengono usati e che influenza esercitano sullo spettatore. Le attività che seguono ti aiuteranno a riconoscere alcune delle più comuni strategie utilizzate in pubblicità.
Tramite l'utilizzo di colori specifici le immagini possono influenzare lo spettatore e indurlo ad acquistare il prodotto, proponendogli ad esempio un modello di vita allettante e di successo.

1. Quali sono i colori predominanti nelle prime sequenze?
- ☐ **a.** colori caldi (arancio, giallo e rosso)
- ☐ **b.** colori scuri (nero e marrone)
- ☐ **c.** colori chiari e luminosi (bianco)
- ☐ **d.** colori freddi (blu, viola e verde)

2. Quali sono i colori predominanti nell'ultima sequenza?
- ☐ **a.** colori caldi (arancio, giallo e rosso)
- ☐ **b.** colori scuri (nero e marrone)
- ☐ **c.** colori chiari e luminosi (bianco)
- ☐ **d.** colori freddi (blu, viola e verde)

3. Lungo quale itinerario sta viaggiando il pulmino?
- ☐ **a.** il percorso dell'Orient-Express, che collegava Parigi a Costantinopoli
- ☐ **b.** il percorso che collega Parigi a Dakar
- ☐ **c.** la pista che attraversa il Sahara, percorribile in auto

4. Quali aggettivi caratterizzano l'ambiente all'interno del pulmino?
- ☐ **a.** affollato, disordinato, caotico
- ☐ **b.** confortevole, rilassante, calmo
- ☐ **c.** accogliente, gioioso, allegro

5. Quali sono gli elementi atmosferici che caratterizzano l'ambiente al di fuori del pulmino?
- ☐ **a.** nebbia e freddo
- ☐ **b.** vento e tempesta di sabbia
- ☐ **c.** caldo e afa

6. Come definiresti i due turisti?
- ☐ **a.** allegri e divertiti
- ☐ **b.** affaticati e stremati dalla fatica e dallo stress
- ☐ **c.** dotati di spirito d'avventura

7. Come definiresti l'autista?
- ☐ **a.** allegro e divertito
- ☐ **b.** affaticato e stremato dalla fatica e dallo stress
- ☐ **c.** dotato di spirito d'avventura

8. Da che cosa è caratterizzata l'inquadratura finale dello spot?
- ☐ **a.** tranquillità, serenità e intimità familiare
- ☐ **b.** spirito di avventura, amore per l'imprevisto
- ☐ **c.** passione, sensualità

6 ▸ **In coppia. Riflettete su come le immagini influenzano il telespettatore e lo spingono a scegliere una vacanza Alpitour e motivate le vostre risposte.**

per comunicare

Le immagini secondo me trasmettono al telespettatore una sensazione di...
La scelta dei colori influisce sul telespettatore perché...
Le scene iniziali contrastano / si armonizzano con...
Personaggi, ambiente, luoghi contribuiscono a creare un'atmosfera di...
Il telespettatore è portato a scegliere Alpitour perché...

7 ▸ **Leggi il testo nel riquadro. Riguarda il video, rifletti sulla musica della pubblicità e rispondi.**

LA MUSICA NELLA PUBBLICITÀ

Nella pubblicità anche **la musica** viene scelta con accuratezza, perché suscita nell'ascoltatore diverse sensazioni che poi vengono associate al prodotto pubblicizzato. Un brano eseguito su un tempo lento, ad esempio, può evocare sensazioni di calma e serenità, mentre un pezzo basato su un tempo agitato o veloce trasmette un'idea di dinamismo e ritmo.
L'apporto musicale nella pubblicità può essere di diversi tipi: è possibile ascoltare musica composta per l'occasione, canzoni, brani di musica classica (opera, brani strumentali, brani corali).
Spesso i curatori del commento musicale scelgono melodie legate al luogo d'origine del prodotto, come accade ad esempio nello spot di Alpitour.
Jingle - In inglese significa tintinnìo, scampanellìo.
Per estensione il jingle è il ritornello pubblicitario, il motivo musicale (noto o inedito) che accompagna la pubblicità di un prodotto alla radio o in tv.

a. Come definiresti l'atmosfera musicale dello spot? (monotona, piatta, movimentata, calma, rilassante, allegra, agitata, triste)

____

____

b. Che idea ti suggerisce? (avventura, felicità, disordine, sicurezza...)

____

____

c. In quali momenti si ascoltano differenze di intensità (piano / forte)? Perché?

____

____

d. A cosa serve una musica orientale come quella di Alpitour?

____

____

8 ▸ **Leggi il testo nel riquadro. Indica quale idea viene associata alla scelta di una vacanza Alpitour.**

LA LINGUA DELLA PUBBLICITÀ

Per attirare i probabili clienti nella pubblicità si utilizzano in modo strategico **le parole**, la lingua. L'obiettivo è sollecitare l'associazione di idee, l'accostare per esempio all'acquisto di un prodotto un'idea positiva di successo o di realizzazione personale.

☐ **a.** Il desiderio di indipendenza e di libertà che contrasta con la vacanza "fai da te".
☐ **b.** L'idea di ordine, chiarezza e trasparenza come presupposto per una vacanza serena e riuscita.

9 ▸ **Leggi il testo nel riquadro, guarda nuovamente il video e completa il *claim*. Poi individua quale figura retorica contiene.**

IL CLAIM

Una frase breve e ben studiata può rivelarsi una calamita per i clienti in quanto mira ad imprimersi nella memoria dei potenziali clienti. Si tratta dello slogan che in linguaggio pubblicitario viene definito *claim*.

Claim - Deriva dall'inglese *to claim* (rivendicare, affermare). Il claim dichiara in estrema sintesi il valore di un prodotto o di una marca, il vantaggio che questi promettono al consumatore. Quasi sempre è un messaggio breve e facile da memorizzare.

Oggi ______________________ vacanze senza "ahi ahi ahi ahi!". ______________________ una vacanza Alpitour.
Figura retorica: ______________________

➡ In pubblicità si usa la lingua in modo creativo, con l'effetto di suscitare la curiosità del pubblico e quindi l'interesse per un nuovo prodotto. Si impiegano le cosiddette parole "macedonia", cioè parole formate dalla fusione di due parole diverse, come per esempio **ultimoda**, **mangiaebevi**, **digestimola**, **extraforte**, o si utilizzano giochi di parole. Eccone alcuni.

GIOCHI DI PAROLE		
1° tipo	Riguarda l'utilizzo di parole, frasi ed espressioni dotate di più significati e la loro trasposizione in un contesto diverso dall'uso abituale.	▪ *Possiamo darci molte arie* (pubblicità di condizionatori)
2° tipo	Si riferisce a veri e propri giochi enigmistici, come il cambio di lettera all'interno di una parola.	▪ *Più libri – più liberi* (campagna sulle piccole case editrici indipendenti)
3° tipo	Si riferisce ad espressioni ricavate parafrasando famosi titoli di film, di canzoni, proverbi e modi di dire, comunque sempre utilizzando un gioco di parole.	▪ *Ferrari, profondo rosso* (lega il rosso della Ferrari al titolo di un film di Dario Argento)
4° tipo	Sfrutta l'assonanza delle parole, anche con l'utilizzo di termini stranieri.	▪ *Non è un master, è un must* (pubblicità di scuola privata, assonanza fra *master* e *must*)

adattato da N. Fortini, *Il gioco di parole nella pubblicità e nei mass-media, http://www.rivistatangram.it*

10 ▸ **Individua per ogni claim il tipo di gioco di parole che contiene, come nell'esempio.**

ESEMPI DI CLAIM PUBBLICITARI	GIOCO DI PAROLE
a. *Da noi vincono i buoni* (pubblicità di supermercato che regala buoni-spesa)	
b. *Con te partirò* (pubblicità della Compagnia di volo Airone)	*3° TIPO*
c. *Da non perdere. Punto* (pubblicità Fiat per la nuova automobile Punto)	
d. *Leggete solo storie scontate* (pubblicità di una libreria)	
e. *La dolce vite* (pubblicità di un vino)	
f. *Siete sulla retta Kia* (pubblicità di automobili)	
g. *Siate logici, siate Logan* (pubblicità apparecchiature elettroniche)	
h. *Vi voliamo bene* (pubblicità Alitalia)	

LA MANIPOLAZIONE

Un'altra strategia è quella di **manipolare l'informazione**. Vengono forniti cioè dati e informazioni su di un prodotto, sulle modalità d'uso e sui vantaggi che si possono trarre da esso, evidenziandone solo i caratteri positivi, senza far cenno a quelli negativi.

11 ▸ **In coppia. Riguardate lo spot pubblicitario e individuate quali informazioni vengono manipolate.**

12 ▸ Leggi e completa le frasi segnalando con una *X* l'opzione corretta. Poi confronta con un compagno.

1. Lo spot si rivolge al consumatore che
   - ☐ **a.** richiede meno assistenza e ha un bisogno limitato di certezza, poiché Alpitour è sinonimo di creatività e di vacanze in completa autonomia.
   - ☐ **b.** ha bisogno di maggiore assistenza e di certezze, poiché l'Alpitour è sinonimo di garanzia e supporto per chi viaggia.

2. Dallo spot pubblicitario si deduce che il motivo per cui si sceglie una vacanza con Alpitour è
   - ☐ **a.** l'alta qualità dei servizi e della comunicazione, che permettono di fare una vacanza senza preoccupazioni.
   - ☐ **b.** l'alto grado di divertimento e il tocco di avventura che permettono di rendere le vacanze uniche ed irripetibili.

13 ▸ Confronta il messaggio contenuto nello slogan con la locandina di Alpitour che appare su Facebook e trova somiglianze e / o differenze.

per comunicare

Nella locandina si vede... / La locandina rappresenta...
La locandina ha in comune con lo spot...
Il messaggio contenuto nella locandina è...

14 ▸ In gruppo. Cercate altri spot televisivi e analizzateli secondo quanto illustrato in questo percorso. Poi presentate i risultati della vostra ricerca alla classe.

Ricordate di individuare:
- chi dice che cosa
- a chi
- come
- con quale effetto
- con quali strategie

UNITÀ 2. VIAGGI REALI E VIAGGI IMMAGINARI

PERCORSO A Il mondo è un libro

IN QUESTO PERCORSO
IMPARI A
- comprendere e ideare aforismi
- scrivere didascalie
- cogliere il messaggio in testo letterario
- discutere vantaggi e svantaggi dei viaggi immaginari
- scrivere un articolo per giornale della scuola

➡ Un aforisma è una breve frase che in poche parole esprime un concetto significativo.

1 ▸ **Leggi l'inizio di alcuni aforismi sul viaggio e trova le parti finali corrispondenti. Poi confronta con un compagno. Al termine confronta con un compagno. Aiutati con le espressioni fornite di seguito.**

1. *Noi conosciamo il giorno della partenza,*	**a.** *non quello del ritorno.* (detto popolare)
2. *Le persone non fanno i viaggi,*	**b.** *e chi non viaggia legge solo una pagina.* (Sant'Agostino)
3. *Il vero viaggio di scoperta non consiste nel cercare nuove terre,*	**c.** *di chi non può prendere il treno.* (Francis de Croisset)
4. *Il mondo è un libro*	**d.** *quello che facciamo nel nostro mondo interiore.* (Andrej Tarkovskij)
5. *Viaggiando*	**e.** *ma ciò che siamo.* (Fernando Pessoa)
6. *Senza coraggio*	**f.** *non si va in viaggio.* (detto popolare)
7. *I viaggi sono i viaggiatori. Ciò che vediamo non è ciò che vediamo,*	**g.** *partono per partire e basta.* (Charles Baudelaire)
8. *Chi ha passato la porta*	**h.** *sono i viaggi che fanno le persone.* (John Steinbeck)
9. *I veri viaggiatori*	**i.** *ha già fatto molta strada.* (detto popolare)
10. *La vera casa dell'uomo non è una casa, è la strada.*	**l.** *La vita stessa è un viaggio da fare a piedi.* (Bruce Chatwin)
11. *C'è un solo viaggio possibile:*	**m.** *ma nell'avere nuovi occhi.* (Marcel Proust)
12. *La lettura è il viaggio*	**n.** *e leggendo si impara.* (detto popolare)

1	2	3	4	5	6	7	8	9	10	11	12
a											

2 ▸ **Indica quale aforisma dell'attività 1 è sintetizzato nelle frasi che seguono, come nell'esempio. Poi confronta con un compagno.**

		AFORISMA
a.	Quando si viaggia è difficile fare programmi: viaggiare significa andare incontro all'imprevisto.	*1*
b.	Il viaggio e la lettura sono due modi diversi di imparare.	
c.	Un viaggio è sempre rischioso, per iniziarlo non si deve avere paura.	
d.	Viaggiare è conoscere; non viaggiare significa fare una vita limitata.	
e.	Viaggiare permette di vedere le cose da nuove prospettive.	
f.	Il viaggio è il destino dell'uomo.	
g.	L'unico viaggio che si può davvero fare è il viaggio alla ricerca di se stessi.	
h.	Leggere è un modo diverso di viaggiare.	
i.	Le esperienze di viaggio sono sempre filtrate dalla personalità del viaggiatore.	

3 ▸ **In coppia. Spiegate il significato delle tre citazioni rimaste.**

4 ▸ **In coppia. Osservate le immagini ispirate al tema del viaggio e scrivete una didascalia sotto a ognuna, come nell'esempio.**

1. *Il viaggio di fantascienza / Nello spazio / Alla scoperta di nuovi mondi*

2. ______________________

3. ______________________

4. ______________________

5. ______________________________

6. ______________________________

5 ▸ **Associa ogni immagine a un aforisma dell'attività 1. Poi lavora con un compagno e motiva gli abbinamenti.**

6 ▸ **In gruppo. Create uno o più aforismi che rappresentino la vostra idea di viaggio. Cercate delle immagini che possano illustrarla al meglio. Esponete il risultato del vostro lavoro alla classe.**

➨ Alcuni aforismi mettono a confronto la lettura con il viaggio. Su questo tema ti proponiamo un testo di Francesco Petrarca.

FRANCESCO PETRARCA

Francesco Petrarca (Arezzo 1304 - Arquà 1374) è stato uno dei maggiori autori italiani del Trecento. La sua opera più famosa è il *Canzoniere*, una raccolta di 366 poesie che trattano per la maggior parte il tema dell'amore. Le poesie contenute nel *Canzoniere* sono scritte in volgare italiano, ma Petrarca scrisse anche numerose opere in latino. Fra queste compaiono le raccolte di lettere: *Familiares* (lettere a parenti e amici), *Seniles* (lettere della vecchiaia) e *Sine nomine* (senza l'indicazione del destinatario). Le *Seniles* sono indirizzate in parte ad amici, in parte a personaggi importanti della Chiesa o della politica, e comprendono le lettere composte da Petrarca nell'ultimo periodo della sua vita. Le 127 lettere di questa raccolta, divise in 17 libri, contengono riflessioni di Petrarca su vari aspetti della sua vita personale e della vita umana in generale. Le lettere, originariamente scritte in latino, furono tradotte in italiano nella seconda metà dell'Ottocento dal letterato Giuseppe Fracassetti.

Il testo che segue è tratto dalla seconda lettera del nono libro delle *Senili*. Si tratta di una lettera indirizzata da Petrarca all'amico Francesco Bruni, in cui l'autore ricorda i viaggi fatti in gioventù e riflette sul senso del viaggiare.

7 ▸ **Leggi il testo e individua qual è il messaggio principale del brano. Confronta con un compagno.**

LETTERA A FRANCESCO BRUNI

da *Senili IX, 2*

[...] Viaggiando vidi sicuramente molte cose che non avrei visto se fossi rimasto dentro le mura della mia città, e questo fu un vantaggio dal punto di vista delle conoscenze e dell'esperienza; ma dal punto di vista dei miei studi fu una perdita. Immagina quanti giorni di studio mi abbia tolto questo continuo girovagare, per il quale spesso mi capitò che, rientrando nella mia piccola biblioteca, riconoscevo appena
5 non dico i libri degli antichi scrittori, ma le mie stesse opere, e mi occorrevano tempo e fatica per tornare a conoscerle bene come prima.

E questa non è una piccola perdita se si pensa quanto il tempo sia breve e fugace: e se questo pensiero non avesse frenato il mio impeto giovanile, io ti dico che impavido e ansioso com'ero di vedere cose
10 nuove, con i miei viaggi sarei arrivato nelle terre degli ultimi Seri[1], dei lontani Indi, e fino all'estrema terra di Taprobana[2]. So com'ero fatto a quell'età. Niente era capace di trattenermi: né la fatica, né la paura del mare, né pericoli di qualsiasi tipo. Ma fu più forte solo il timore di perdere tempo e di distrarre l'animo dagli studi, il pensiero che sarei tornato con la testa piena dei ricordi delle città viste, di fiumi, di monti, di boschi, ma vuota delle conoscenze che mi ero guadagnato studiando negli anni giovanili, e che mi sarei
15 trovato assai più povero di tempo. Per questo motivo presi la decisione di visitare quelle lontane regioni non per nave, né cavalcando, né camminando con i miei piedi per strade lunghissime allo scopo di vederle una sola volta; ma viaggiando su una piccola carta con l'aiuto dell'immaginazione e dei libri, in modo da potere a mio piacere andare e tornare nel breve spazio di un'ora non solo sano e salvo, ma senza stancarmi, senza incomodi, senza spese, senza fastidi di bronchi, di spine, di fango, di polvere. [...]

[1] Seri: antica popolazione dell'Asia centrale e della Cina occidentale, famosa nel mondo classico come luogo di provenienza della seta.
[2] Taprobana: nome di un'isola nell'Oceano Indiano, probabilmente corrispondente all'attuale Sri Lanka.

☐ **a.** I viaggi reali possono essere un'esperienza arricchente, ma è meglio viaggiare con l'immaginazione e con l'aiuto di un buon libro.

☐ **b.** Anche se può essere pericoloso e richiede tempo, viaggiare e vedere luoghi lontani è l'unico modo di conoscere e fare esperienza.

☐ **c.** Il modo migliore di acquisire conoscenze è leggere, ma purtroppo non c'è abbastanza tempo per dedicarsi alla lettura.

8 ▸ **In coppia. Riordina i paragrafi per ottenere la sintesi del testo. Poi confronta con un compagno.**

a. I viaggi mi hanno permesso di acquisire conoscenze ed esperienza, ma hanno avuto conseguenze negative sui miei studi.

b. Solo il pensiero che il tempo è limitato e scorre in fretta mi ha impedito, da giovane, di intraprendere viaggi in terre lontane, cosa che avrei fatto di sicuro perché curioso di conoscere e senza paura di niente.

c. Perciò ho deciso di viaggiare non per nave, a cavallo o a piedi, ma con l'immaginazione e con la lettura.

d. Viaggiando ho perso così tanti giorni di studio che, quando tornavo nella mia biblioteca, avevo difficoltà a riconoscere i miei stessi libri.

e. In questo modo non perdo tempo prezioso, non corro nessun rischio e viaggio molto più comodamente.

f. Ma è stata più forte la paura di perdere tempo e di non potermi dedicare pienamente allo studio: se avessi viaggiato a lungo, infatti, avrei potuto vedere città e paesaggi sconosciuti, ma avrei perso tempo e avrei dimenticato tutta la conoscenza che avevo guadagnato con la lettura.

1	2	3	4	5	6
a					

9 ▸ **Elenca le caratteristiche che secondo Petrarca hanno i viaggi reali e i viaggi fatti con l'aiuto dell'immaginazione e dei libri. Poi confronta con un compagno.**

I VIAGGI REALI	I VIAGGI FATTI CON L'AIUTO DELL'IMMAGINAZIONE E DEI LIBRI
Permettono di acquisire conoscenze	*Non fanno perdere tempo.*
ed esperienze.	

10 ▸ **Il mondo di oggi offre molte più possibilità a chi vuole viaggiare: questo è vero per i viaggi reali, ma anche per quelli immaginari. Con un compagno, pensa a tutto ciò che al giorno d'oggi può aiutare a viaggiare con l'immaginazione.**

AL TEMPO DI PETRARCA	OGGI
la lettura	
i racconti di altre persone	

11 ▸ In coppia. Elencate i vantaggi e gli svantaggi dei viaggi reali e di quelli immaginari al giorno d'oggi.

12 ▸ Scrivi un articolo di 150 parole per il giornale della scuola dal titolo *Sì, viaggiare!*. Puoi fare riferimento ai vantaggi e agli svantaggi di cui hai parlato nell'attività 11.

per comunicare

Secondo me i viaggi reali / immaginari sono... / hanno il vantaggio di...
Io preferisco i viaggi reali/immaginari perché...
Un altro vantaggio/svantaggio dei viaggi reali/ immaginari è che...
In primo luogo... In secondo luogo... Infine...
È vero che... però...
Da un lato... dall'altro...
Concludendo si può dire che...
Dunque penso che...

UNITÀ 2. VIAGGI REALI E VIAGGI IMMAGINARI

PERCORSO B L'ultimo viaggio

Il viaggio più famoso della letteratura italiana è sicuramente quello raccontato da Dante nel suo poema *La Divina Commedia*.
Nel modulo 1 sulla paura si trova l'episodio di Dante che si è perso nella selva oscura. La sua situazione sembra disperata: alla paura di essersi perso si aggiunge il terrore per le tre terribili fiere che gli impediscono di continuare il suo cammino. Fortunatamente proprio in quel momento davanti ai suoi occhi appare una figura che gli propone di accompagnarlo in un viaggio attraverso l'aldilà. Non sarà un viaggio facile, gli preannuncia, ma Dante accetta immediatamente.

IN QUESTO PERCORSO
IMPARI A

- ricavare alcune informazioni da un testo poetico
- formulare ipotesi su personaggi, luoghi, atmosfere sulla base di stimoli visivi
- comprendere e interpretare un testo poetico
- confrontare personaggi, luoghi, situazioni e stati d'animo

1 **Leggi alcune informazioni sulla Divina Commedia poi completa il testo a pagina 102.**

TITOLO
Dante intitolò la sua opera semplicemente *Comedia*. Fu poi Giovanni Boccaccio, suo grande ammiratore, ad aggiungere l'aggettivo "divina".

GENERE E COMPOSIZIONE
Si tratta di un poema didascalico-allegorico. Didascalico significa che vuole insegnare qualcosa, allegorico significa che l'opera ha un significato simbolico. Fu scritto probabilmente tra il 1304 e il 1321. L'ultima cantica, il Paradiso, uscì postuma, cioè dopo la morte del poeta.

STRUTTURA
L'opera è divisa in 3 cantiche: Inferno, Purgatorio e Paradiso. Ogni cantica è suddivisa in 33 canti.
L'Inferno è anticipato da un primo canto introduttivo. L'opera si compone quindi, complessivamente, di 100 canti.
È divisa in terzine di endecasillabi (versi di undici sillabe), a rima incatenata (ABA, BCB, CDC...).

INIZIO E DURATA DEL VIAGGIO
L'opera racconta un immaginario viaggio nell'aldilà. Il viaggio è però inserito in un preciso momento storico: la Settimana Santa del 1300, che era stato proclamato Anno Santo da Papa Bonifacio VIII.

Il viaggio di Dante inizia la notte di Giovedì Santo e dura una settimana. Il poeta si trova in un bosco (la selva oscura) nei pressi di Gerusalemme ed è spaventato, perché non sa come uscirne.
All'improvviso gli compaiono davanti 3 fiere – una lonza, un leone e una lupa – che gli incutono moltissima paura, ma fortunatamente in quel momento appare Virgilio, un famoso poeta latino, che gli propone di iniziare questo viaggio nell'aldilà in cui lui gli farà da guida almeno per una parte del viaggio.

Dante assalito dalle tre fiere (Inferno, I), particolare dell'affresco di Joseph Anton Koch

Durante questo viaggio Dante avrà infatti 3 guide:

- Virgilio, che lo accompagna nell'Inferno e nel Purgatorio, ma non in Paradiso perché è vissuto prima dell'avvento di Cristo e quindi non è stato battezzato.
- Beatrice[1], che lo accoglie in cima al Purgatorio e lo guida in Paradiso.
- San Bernardo che lo accompagna come ultima guida nel viaggio in Paradiso.

Questo inizio introduce alcuni importanti significati simbolici:

- Dante rappresenta tutti i peccatori;
- la selva oscura è la vita peccaminosa;
- le 3 fiere rappresentano 3 peccati che sono insidiosi per Dante e per l'intera umanità: la lonza è la lussuria; il leone è la superbia; la lupa è la cupidigia e l'avidità;
- Virgilio rappresenta la ragione e la conoscenza umana, le uniche che possono aiutare l'uomo a raggiungere la salvezza dell'anima;
- Beatrice rappresenta la grazia divina e la teologia, che subentrano laddove la ragione non può arrivare; rappresenta anch la Chiesa che potrebbe portare l'umanità alla salvezza.

STRUTTURA DELL'UNIVERSO DANTESCO

Dante ha una concezione geocentrica dell'universo che si basava sulla filosofia aristotelica e si rifaceva al sistema tolemaico[2]. Pensa cioè che la Terra sia immobile al centro dell'universo, circondata da nove cieli che le ruotano intorno, a loro volta racchiusi dentro un'immensa sfera immobile (l'Empireo).

La Terra è divisa in 2 emisferi:
- boreale, composto di terra e abitato;
- australe, composto di sola acqua.

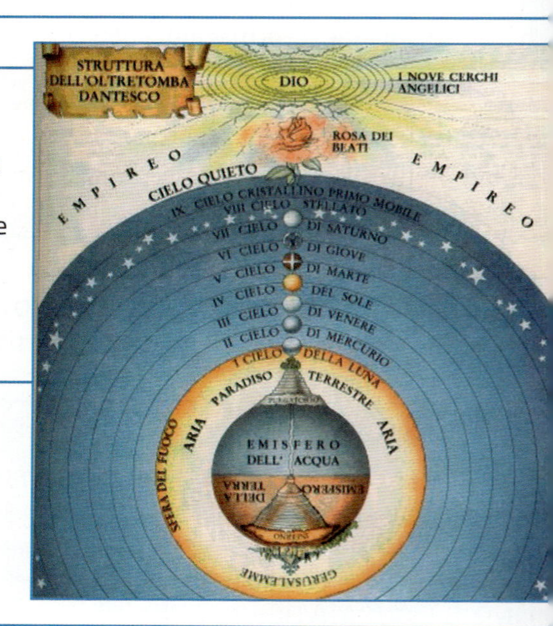

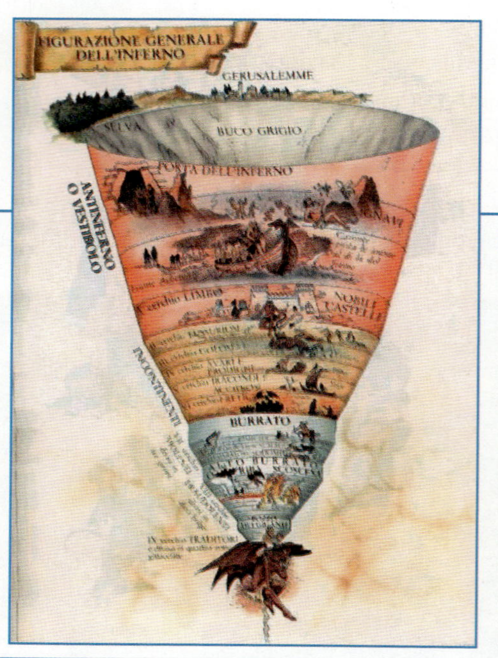

STRUTTURA DELL'INFERNO

L'inferno è una grande voragine che si trova proprio sotto la città di Gerusalemme. Si è formato con la caduta di Lucifero dal cielo in seguito alla rivolta degli angeli e proprio Lucifero si trova nel punto più profondo dell'Inferno, che diventa sempre più stretto a forma di imbuto man mano che si scende.

Nell'inferno si entra tramite una porta e poi bisogna attraversare l'Acheronte, il fiume infernale. Quindi si arriva davanti a un mostro di nome Minosse che è il giudice dell'Inferno e stabilisce, in base al peccato commesso, il cerchio in cui devono andare le anime. Infatti l'inferno è diviso in 9 cerchi nei quali sono racchiusi i peccatori a seconda dei peccati che hanno commesso. I peccati diventano sempre più gravi man mano che si scende.

Nell'inferno si rimane per l'eternità.

[1] Beatrice: secondo la maggior parte dei critici si tratta di Bice Portinari, che morì a soli 24 anni. Nella sua opera *Vita Nuova* Dante racconta averla conosciuta quando entrambi avevano 9 anni e di averla poi rivista a 18. È allora che è nato il suo amore per lei, protagonista di molt sonetti giovanili del poeta. Dopo la morte della donna Dante ha vissuto un periodo di grande difficoltà. Il nome Beatrice è un nome fittizio (secondo la tradizione della lirica provenzale) e significa letteralmente «colei che rende beati».

[2] tolemaico: da Tolomeo, astronomo del II secolo d.C.

STRUTTURA DEL PURGATORIO

Il Purgatorio ha la forma di una montagna isolata in mezzo al mare nell'emisfero australe.

È diviso in:

- Antipurgatorio, in cui le anime aspettano di iniziare a espiare i loro peccati;
- Purgatorio vero e proprio, diviso in sette cornici corrispondenti ai sette peccati capitali. Nel purgatorio i peccati diventano sempre meno gravi man mano che si sale perché ci si avvicina sempre più a Dio.

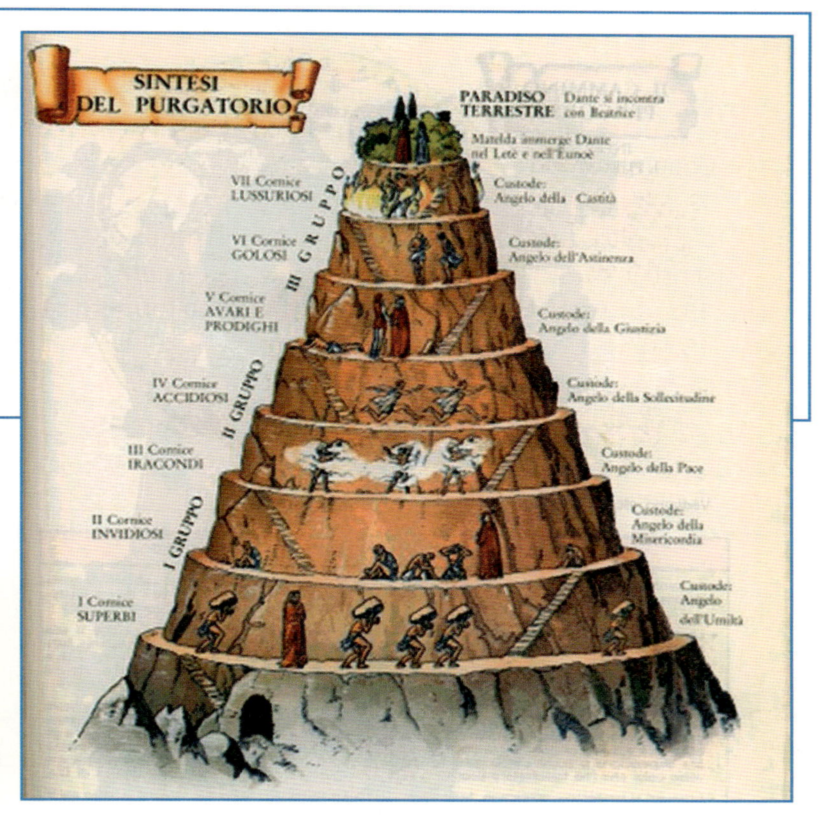

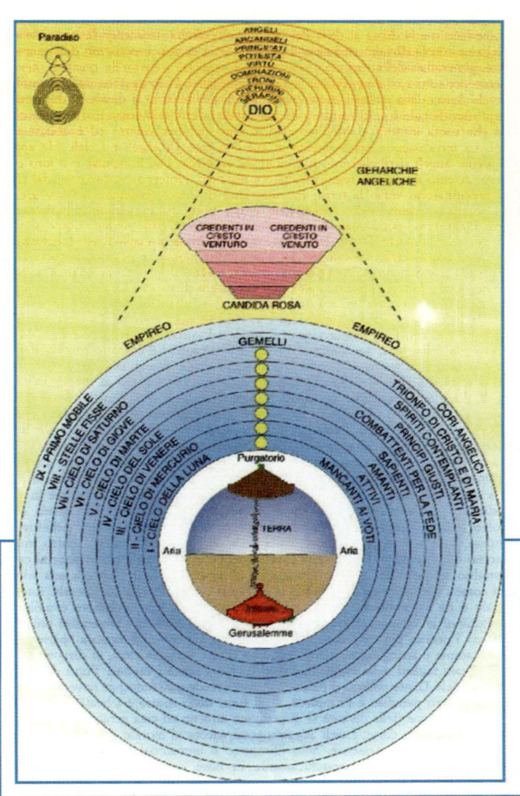

STRUTTURA DEL PARADISO

Il Paradiso inizia in cima al Purgatorio; è formato da nove cieli rotanti, che hanno i nomi degli attuali pianeti (Giove, Venere, Marte, Saturno ecc.).

In cima c'è l'Empireo, il cielo immobile che li racchiude tutti, dove si trovano le anime dei Beati (La candida Rosa). È un posto bellissimo, pieno di luce e sole e le anime contemplano direttamente Dio.

SIGNIFICATO COMPLESSIVO DELL'OPERA

Quello compiuto da Dante è un viaggio verso la salvezza, un viaggio per liberarsi dal peccato e imparare la giusta strada per avvicinarsi a Dio. Non solo il poeta ne ha bisogno, ma tutti gli uomini che, secondo lui, hanno ormai perso il senso del bene e del male e perciò devono ritrovarlo. L'opera può essere quindi di grande insegnamento per tutti gli uomini e per questo viene generalmente definita un'opera didascalica.

In termini più moderni potremmo definire questo viaggio come un viaggio che l'uomo compie dentro se stesso per imparare a discernere tra il bene e il male.

La Divina Commedia è un **1.** ____________ ____________ ____________.
Il titolo originale era semplicemente **2.** ____________, ma poi **3.** ____________ ____________ ha aggiunto l'aggettivo **4.** ____________.
L'opera è divisa in tre **5.** ____________ che si chiamano rispettivamente **6.** ____________ **7.** ____________ e **8** ____________. Ognuna di esse contiene **9.** ____________ canti, oltre a un canto introduttivo, per un totale di **10.** ____________ ____________, scritti in versi **11.** ____________ a rima **12.** ____________ con lo schema **13.** ____________. Le strofe sono formate da **14.** ____________ versi e si chiamano **15.** ____________.

La Divina Commedia racconta un **16.** ____________ viaggio compiuto dal poeta nell' **17.** ____________. Il viaggio dura **18.** ____________ ____________ e avviene durante la **19.** ____________ ____________. Tre guide accompagnano il poeta durante il suo viaggio: la prima è **20.** ____________, che lo guida attraverso l'Inferno e il Purgatori la seconda è **21.** ____________, che lo guida attraverso il Paradiso. La terza è San Bernardo.
Il viaggio di Dante inizia di notte. Il poeta si trova in una **22.** ____________ ____________ che gli incute una grandissima **23.** ____________. Questo suo stato d'animo aumenta ulteriormente a causa dell'improvvisa comparsa di tre **24.** ____________. È a quel punto che appare Virgilio e gli propone di iniziare il viaggio. Sarà un viaggio verso la **25.** ____________.

2 ▸ **Con l'aiuto del testo trascritto in italiano moderno, nella colonna destra, scopri gli elementi elencati.**

- come si presenta a Dante l'ombra che gli è apparsa davanti improvvisamente all'inizio del viaggio;
- dove e in quale epoca è vissuto il personaggio;
- qual era la sua professione quando era in vita.

1	Mentre ch'i' rovinava in basso loco dinanzi a li occhi mi si fu offerto chi per lungo silenzio parea fioco.	Mentre cadevo verso il basso mi apparve all'improvviso un'ombra che per il lungo silenzio sembrava aver perduto la forza di parlare.
5	Quando vidi costui nel gran diserto, "Miserere di me", gridai a lui, "qual che tu sii, od ombra od omo certo!"	Quando la vidi nella grande solitudine del luogo le gridai: "Abbi pietà di me, chiunque tu sia o spirito o uomo in carne ed ossa".
	Rispuosemi: "Non omo, omo già fui, e li parenti miei furon lombardi, mantoani per patria ambedui.	Mi rispose: "Non sono un uomo, ma lo fui e i miei genitori furono lombardi, ambedue mantovani di nascita.
10	Nacqui sub Iulio, ancor che fosse tardi, e vissi a Roma sotto 'l buono Augusto nel tempo de li dei falsi e bugiardi.	Nacqui al tempo di Giulio Cesare, anche se troppo tardi, e vissi a Roma sotto l'imperatore Augusto al tempo degli dei pagani, falsi e ingannevoli.
15	Poeta fui, e cantai di quel giusto figliuol d'Anchise che venne di Troia poi che 'l superbo Ilion fu combusto.	Fui poeta e cantai le imprese di Enea, il pio figlio di Anchise, che venne da Troia in Italia dopo che quella stupenda città fu incendiata.

Inferno, Canto I, vv.60-76

- Il personaggio che si è presentato a Dante è Virgilio, un famoso poeta latino.

3 ▸ **Leggi il testo e completa la tabella con le informazioni richieste.**

PUBLIO VIRGILIO MARONE

Poeta latino, nacque presso Mantova nel 70 a. C. Tra il 42 e il 39 compose *le Bucoliche*, silloge di dieci agloghe di argomento pastorale, che probabilmente gli valsero l'ingresso nel circolo di Mecenate (e quindi anche di Ottaviano). Nel 29 può considerarsi ultimata la seconda sua fatica letteraria, *le Georgiche*, poema didascalico in quattro libri dedicato alle principali attività agricole. Da quel momento Virgilio si dedicò completamente alla stesura de *l'Eneide*, poema epico in dodici libri: alla sua morte, avvenuta a Brindisi, il 21 settembre del 19 a. C., l'opera rimarrà, se non incompiuta, certo priva dell'ultima revisione. Immensa fu la fortuna di Virgilio, considerato il classico per eccellenza della letteratura latina. La cultura cristiana, per parte sua, inaugurò una lettura tutta nuova dell'opera virgiliana. Esempio eclatante è l'interpretazione in chiave messianica della IV egloga de *le Bucoliche*, inaugurata da Costantino e accolta persino da S. Agostino, secondo il quale nella nascita del puer di cui si parla nel testo sarebbe identificabile l'avvento del Cristo. Il Medioevo produsse una vera e propria "leggenda virgiliana", che fece del poeta latino ora un mago, ora un profeta e le cui forme e i cui aspetti sono state ricostruite alla fine del secolo scorso da Domenico Comparetti. *L'Eneide*, se non l'intero corpus virgiliano, dovette essere lettura assai precoce di Dante: a prescindere dalla memoria capillare delle opere virgiliane registrabile nei suoi testi, il ruolo assegnato all'autore ne *la Commedia* (guida di Dante nell'Inferno) è il più esplicito riconoscimento di un magistero profondo e inalienabile.

Nome completo	*Publio Virgilio Marone*
Periodo in cui è vissuto	
Titolo della sua opera più famosa	
Genere letterario dell'opera	
Nome del protagonista dell'opera	
Notorietà / Fama del poeta nel Medioevo	
Tipo di conoscenza che Dante aveva del poeta	

➡ Nelle attività seguenti conoscerai due dei tanti personaggi che Dante incontra nel corso del suo viaggio.

4 ▸ **Osserva l'immagine e fai delle ipotesi sui luogo e sui personaggi in essa rappresentati. Aiutati con le domande-guida, poi confronta con un compagno.**

- Quali particolari noti nei personaggi rappresentati? Chi potrebbero essere e quali sono i loro atteggiamenti? (gentile, conciliante, aggressivo, minaccioso, spaventato...).
- Come ti sembra il luogo raffigurato? (inquietante, pericoloso, tranquillo, sporco, impetuoso, buio, sereno, luminoso, cristallino...). Dove ci troviamo secondo te?
- Che tipo di atmosfera prevale? (paurosa, tranquilla, tragica, allegra, scherzosa, rilassata, serena...)
- Da quali elementi lo deduci?
- Secondo te che cosa sta succedendo?

5 ▸ **Il personaggio raffigurato nell'attività 4 è Caronte. Leggi e completa il testo che segue per scoprire chi è, dove vive e qual è il suo compito. Gli aggettivi e i sostantivi vanno concordati e i verbi coniugati. Poi confronta con un compagno.**

bianco | cielo | malvagio | giungere | tenebra | allontanarsi
vecchio | anima | visto | preoccupare | domandare | portarvi | tu

1	Ed ecco verso noi venir per nave	Ed ecco avanzare verso di noi su una barca
	un vecchio, bianco per antico pelo,	un **1.** ____________ con la barba **2.** ____________ per gli ann
	gridando: «Guai a voi, anime prave!	che grida: "Guai a voi anime **3.** ____________.
	Non isperate mai veder lo cielo:	Non sperate di vedere mai più il **4.** ____________:
5	i' vegno per menarvi a l'altra riva	io vengo per **5.** ____________ all'altra riva
	ne le tenebre etterne, in caldo e 'n gelo.	nelle **6.** ____________ eterne, al caldo e al gelo.
	E tu che se' costì, anima viva,	E **7.** ____________ che ti trovi quaggiù,
	pàrtiti da cotesti che son morti».	**8.** ____________ viva,
	Ma poi che vide ch'io non mi partiva,	**9.** ____________ da costoro che sono morti.
10	disse: «Per altra via, per altri porti	Ma dopo aver **10.** ____________ che io non me ne andav
	verrai a piaggia, non qui, per passare:	disse: "Per un'altra strada, attraverso altri porti
	più lieve legno convien che ti porti».	(tu) **11.** ____________ alla riva, non qui per essere traghe
	E 'l duca lui: «Caron, non ti crucciare:	dovrà portarti una barca più leggera."
	vuolsi così colà dove si puote	E la mia guida a lui: "Caronte, non ti **12.** ____________:
15	ciò che si vuole, e più non dimandare».	così si vuole là dove si può ottenere tutto
	Inferno, Canto III, vv. 79-93	ciò che si vuole e tu non **13.** ____________ altro.

6 ▸ **Rileggi il testo e completa.**

1. Dell'aspetto fisico di Caronte, Dante dice che è...	
2. Il compito di Caronte è quello di....	
3. Caronte terrorizza i dannati perché dice loro...	
4. Al contrario, a Dante Caronte dice di....	
5. Caronte dice a Dante di allontanarsi perché...	
6. A un certo punto interviene Virgilio che riesce a zittire Caronte dicendogli che...	

7 ▸ **In coppia. Osserva l'immagine e fai delle ipotesi sul luogo e sui personaggi in essa rappresentati. Illustra le possibili differenze rispetto all'immagine di Caronte. Aiutati con le domande-guida dell'attività 4.**

8 ▸ **Leggi l'episodio che vede protagonista il personaggio ritratto nell'immagine nell'attività 7 e verifica le tue ipotesi. Poi confronta con un compagno.**

1	Noi eravam lunghesso mare ancora,	Noi eravamo ancora lungo il mare,
	come gente che pensa a suo cammino,	pensando al cammino da fare,
	che va col cuore e col corpo dimora.	fermi col corpo ma non col cuore.
	Ed ecco, qual, sorpreso dal mattino,	Ed ecco, come sorpreso dal mattino,
5	per li grossi vapor Marte rosseggia	per gli spessi vapori, Marte rosseggia,
	giù nel ponente sovra 'l suol marino,	quando da ponente s'alza sul mare,
	cotal m'apparve, s'io ancor lo veggia,	tale m'apparve, e vorrei rivederla,
	un lume per lo mar venir sì ratto,	una luce così veloce sul mare
	che 'l muover suo nessun volar pareggia.	che nessuno potrebbe eguagliarla.
10	Dal qual com' io un poco ebbi ritratto	Appena mossi lo sguardo
	l'occhio per domandar lo duca mio,	per chiedere al mio duca cosa fosse,
	rividil più lucente e maggior fatto.	la rividi ancora più grande e luminosa.
	Poi d'ogne lato ad esso m'appario	Poi da ogni suo lato m'apparve
	un non sapeva che bianco, e di sotto	un biancore strano, e anche sotto
15	a poco a poco un altro a lui uscìo.	a poco a poco un altro candore usciva.
	Lo mio maestro ancor non facea motto,	Il mio maestro non diceva nulla,
	mentre che i primi bianchi apparver ali;	finché non vide apparire delle ali;
	allor che ben conobbe il galeotto,	allora capì bene chi era il pilota,
	gridò: «Fa, fa che le ginocchia cali.	e gridò: "Presto, inginocchiati!
20	Ecco l'angel di Dio: piega le mani;	È un angelo divino: congiungi le mani;
	omai vedrai di sì fatti officiali.	andando avanti ne vedrai altri.
	Vedi che sdegna li argomenti umani,	Vedi che non sta usando mezzi umani,
	sì che remo non vuol, né altro velo	non gli serve il remo né la vela
	che l'ali sue, tra liti sì lontani.	per viaggiare tra lidi così lontani.
25	Vedi come l'ha dritte verso 'l cielo,	Guarda come tiene le ali verso il cielo,
	trattando l'aere con l'etterne penne,	agitando l'aria con le penne eterne,
	che non si mutan come mortal pelo».	che non mutano aspetto come le terrene".
	Poi, come più e più verso noi venne	Poi, man mano che veniva verso noi
	l'uccel divino, più chiaro appariva:	quell'uccello divino pareva ancora più lucente,
30	per che l'occhio da presso nol sostenne,	tanto che non riuscivo a guardarlo,
	ma china il giuso; e quei sen venne a riva	e chinai lo sguardo; e quello venne a riva
	con un vasello snelletto e leggero,	con un vascello snello e leggero
	tanto che l'acqua nulla ne 'nghiottiva.	che sfiorava appena l'acqua.
	Da poppa stava il celestial nocchiero,	Il celestial nocchiero se ne stava a poppa,
35	tal che faria beato pur descripto;	e al solo descriverlo uno resterebbe contento;
	e più di cento spirti entro sediero.	trasportava oltre cento anime.
	'In exitu Isräel de Aegypto'	*'In exitu Isräel de Aegypto'*
	cantavan tutti insieme ad una voce	cantavano quelle in coro
	con quanto di quel salmo è poscia scripto.	con gli altri versetti del salmo.
40	Poi fece il segno lor di santa croce;	Poi l'angelo le benedì col segno della croce,
	ond' ei si gittar tutti in su la piaggia:	e dopo che furono scese sulla spiaggia
	ed el sen gì, come venne, veloce.	se ne andò veloce com'era venuto.
	Purgatorio, Canto II, vv. 10-52	tratto da: *http://www.homolaicus.com/letteratura/casella.htm*

9 ▸ **In coppia. Riordinate le affermazioni per ottenere una sintesi dell'episodio.**

a. Man mano che si avvicina alla spiaggia, l'angelo si fa sempre più luminoso, tanto che Dante deve abbassare lo sguardo.
b. Dante e Virgilio si trovano sulla spiaggia del Purgatorio, incerti su come proseguire il loro cammino.
c. Dante si volta verso Virgilio per chiedergli di che cosa si tratta, e nel frattempo la luce diventa ancora più grande e luminosa.
d. Quindi Virgilio gli fa notare come l'angelo non abbia bisogno né di vele né di remi per guidare la barca, gli sono sufficienti le sue ali.
e. Improvvisamente Dante vede apparire sul mare una luce velocissima.
f. Allora Virgilio dice a Dante di inginocchiarsi e di congiungere le mani.
g. Man mano che la luce si avvicina, ai lati si vedono due macchie bianche: sono le ali.
h. Fino a quel momento Virgilio non aveva parlato, ma non appena vede le ali capisce immediatamente che si tratta dell'Angelo nocchiero.
i. Una volta giunto sulla spiaggia l'angelo benedice le anime e, dopo che esse sono scese dalla barca, se ne va veloce come era venuto.
l. Nel frattempo l'angelo giunge a riva con la sua barca così leggera che sfiora appena l'acqua. Sulla barca ci sono oltre cento anime che cantano tutte insieme un inno sacro.

1	2	3	4	5	6	7	8	9	10
b	____	____	____	____	____	____	____	____	____

10 ▸ Dopo aver letto entrambi gli episodi (attività 5 e attività 7) completa la tabella. Questi aggettivi potrebber esserti utili per rispondere alle domande che seguono.

spaventato | meravigliato | tranquillo | scherzoso | sereno | piacevole | stupefatto | triste | incuriosito gioiosc malinconico | incerto | celeste | intimorito | buio | tenebroso | luminoso | rassicurante | grigio

	CARONTE	L'ANGELO
a. Dove si svolge l'episodio?		
b. Descrivi il luogo attraverso tre aggettivi.		
c. Che cosa fanno i due protagonisti dei due episodi?		
d. Che tipo di imbarcazione hanno?		
e. Come guidano la loro imbarcazione?		
f. Quali particolari del loro aspetto colpiscono Dante?		
g. Come si comportano nei confronti dei loro passeggeri?		
h. Che cosa fanno i passeggeri?		
i. Come si comportano i due protagonisti nei confronti di Dante?		
l. Che atteggiamento assume invece Virgilio nei confronti di Caronte e dell'Angelo?		
m. Dante non lo dice, ma secondo te, qual è il suo stato d'animo durante i due episodi?		

UNITÀ 2. VIAGGI REALI E VIAGGI IMMAGINARI

PERCORSO C Il viaggio come metafora della vita

IN QUESTO PERCORSO
IMPARI A
- comprendere e interpretare un testo poetico
- riconoscere le figure retoriche della similitudine e della metafora
- produrre la presentazione multimediale di una poesia

Nella poesia del poeta Giorgio Caproni che segue, la vita è rappresentata come un viaggio in treno e il viaggiatore è colui che sa che, a breve, giungerà a destinazione.

GIORGIO CAPRONI

Poeta, critico letterario e traduttore, nacque a Livorno nel 1912. Scoprì precocemente la letteratura attraverso i libri del padre. La lettura delle opere di Montale gli fece nascere una grande passione per la poesia. Nel 1933 pubblicò la sua prima poesia, *Prima luce*, confluita nel 1936 nella raccolta *Come un'allegoria*, dedicata alla memoria di una ragazza da lui amata. Partecipò al secondo conflitto mondiale, combattendo sul fronte occidentale. Dopo la guerra si stabilì a Roma dove svolse l'attività di maestro elementare e iniziò a collaborare con riviste e quotidiani. Tradusse le opere di molti autori famosi. Continuò a scrivere poesie e a pubblicare raccolte in versi fino alla morte avvenuta a Roma nel 1990.

1 **Leggi il titolo della poesia. Immagina il suo contenuto e segna con una *X* l'ipotesi più probabile. Poi leggi il testo e verifica la tua ipotesi.**

CONGEDO DEL VIAGGIATORE CERIMONIOSO

- ☐ **a.** Un uomo racconta in modo dettagliato quello che ha visto nel suo ultimo viaggio.
- ☐ **b.** Un uomo parla con molti giri di parole del suo ultimo viaggio.
- ☐ **c.** Un uomo saluta educatamente i suoi amici prima di partire per l'ultimo viaggio.

STROFA 1

Amici, credo che sia
meglio per me cominciare
a tirar giù la valigia.
Anche se non so bene l'ora
d'arrivo, e neppure
conosca quali stazioni
precedano la mia,
sicuri segni mi dicono,
da quanto m'è giunto all'orecchio
di questi luoghi, ch'io
vi dovrò lasciare presto.

STROFA 2

Vogliatemi perdonare
quel po' di disturbo che reco[1].
Con voi sono stato lieto
dalla partenza, e molto
vi sono grato, credetemi,
per l'ottima compagnia.

STROFA 3

Ancora vorrei conversare
a lungo con voi. Ma sia.
Il luogo del trasferimento
lo ignoro. Sento
però che vi dovrò ricordare
spesso, nella nuova sede,
mentre il mio occhio già vede
dal finestrino, oltre il fumo
umido del nebbione
che ci avvolge, rosso
il disco della mia stazione.
Chiedo congedo a voi
senza potervi nascondere,
lieve, una costernazione[2].
Era così bello parlare
insieme, seduti di fronte:
così bello confondere
i volti (fumare,
scambiandoci le sigarette),
e tutto quel raccontare
di noi (quell'inventare
facile, nel dire agli altri),
fino a poter confessare
quanto, anche messi alle strette[3],
mai avremmo osato un istante
(per sbaglio) confidare.

STROFA 4

(Scusate. È una valigia pesante
anche se non contiene gran che:
tanto ch'io mi domando perché
l'ho recata, e quale
aiuto mi potrà dare
poi, quando l'avrò con me.
Ma pur la devo portare,
non fosse che per seguire l'uso.
Lasciatemi, vi prego, passare.
Ecco. Ora ch'essa è
nel corridoio, mi sento
più sciolto. Vogliate scusare)

STROFA 5

Dicevo, ch'era bello stare
insieme. Chiacchierare.
Abbiamo avuto qualche
diverbio[4], è naturale.
Ci siamo – ed è normale
anche questo – odiati
su più d'un punto, e frenati
soltanto per cortesia.
Ma, cos'importa. Sia
come sia, torno
a dirvi, e di cuore, grazie
per l'ottima compagnia.

STROFA 6

Congedo a lei, dottore,
e alla sua faconda dottrina[5].
Congedo a te, ragazzina
smilza, e al tuo lieve afrore
di ricreatorio[6] e di prato
sul volto, la cui tinta mite
è sì lieve spinta.
Congedo, o militare
(o marinaio! In terra
come in cielo ed in mare)
alla pace e alla guerra.
Ed anche a lei, sacerdote,
congedo, che m'ha chiesto s'io
(scherzava!) ho avuto in dote
di credere al vero Dio.

STROFA 7

Congedo alla sapienza
e congedo all'amore.
Congedo anche alla religione.
Ormai sono a destinazione.
Ora che più forte sento
stridere il freno, vi lascio
davvero, amici. Addio.

STROFA 8

Di questo, sono certo: io
son giunto alla disperazione
calma, senza sgomento.

Scendo. Buon proseguimento

da *Poeti italiani del Novecento*, Milano, Mondadori, 1990

[1] reco: causo, produco.
[2] costernazione: abbattimento, dispiacere, sgomento.
[3] messi alle strette: costretti, forzati.
[4] diverbio: discussione, litigio, scontro.
[5] faconda dottrina: il sapere che il dottore esprime con un linguaggio verboso e prolisso (ricco di parole).
[6] afrore di ricreatorio: odore sgradevole di ricreatorio; il ricreatorio era una sala in cui i ragazzi si ritrovavano a giocare dopo la scuola.

2 ▸ **Rileggi il testo e svolgi le attività.**

a. **Leggi le prime due strofe e segna con una *X* le informazioni presenti nel testo.**

Chi scrive ...

☐ **1.** sta per partire per una destinazione ignota.
☐ **2.** sa precisamente quando arriverà.
☐ **3.** non conosce il percorso del viaggio.
☐ **4.** ha elementi sufficienti per riconoscere che la partenza è vicina.
☐ **5.** è disturbato dalla presenza di alcune persone.

b. **Completa la sintesi della terza strofa.**

Vorrei continuare a parlare ancora con voi. Ma non mi è concesso. Non so dove andrò.

Vi devo lasciare con dispiacere.

c. **Leggi la quarta e la quinta strofa e spiega gli elementi elencati.**

- perché secondo te la valigia è pesante anche se non contiene tante cose;
- perché il viaggiatore deve portare la valigia con sé;
- perché chi scrive ringrazia i compagni di viaggio.

d. **Nella sesta strofa il viaggiatore saluta i suoi compagni di viaggio. Individua cosa rappresenta ognuno di loro.**

PERSONAGGIO	RAPPRESENTA...
dottore	
ragazzina	
militare	
sacerdote	

e. **Leggi le ultime due strofe e il verso finale. Segna con una *X* come si conclude la poesia.**

☐ **1.** Il viaggiatore è arrivato con un certo sgomento alla fine del suo viaggio.
☐ **2.** Il viaggiatore scenderà dal treno con i suoi amici.
☐ **3.** Il viaggiatore si augura di rivedere presto i suoi compagni di viaggio.

- Nella poesia la vita è intesa come un viaggio.

LE FIGURE RETORICHE: SIMILITUDINE E METAFORA

La parola **metafora** deriva dal greco e significa "trasportare". Consiste nel trasportare o trasferire a una parola il significato di un'altra parola con cui ha un rapporto di somiglianza.

La metafora viene considerata una "similitudine abbreviata" in quanto manca il termine di collegamento che giustifica il paragone (negli esempi, la parola *come* e *sembri*).

SIMILITUDINE		METAFORA
Tu sei bella ***come*** una rosa.		Sei una rosa.
Tu sei così furbo che ***sembri*** una volpe.		Sei una volpe.

Le metafore sono efficaci strumenti di comunicazione perché riescono a esprimere sensazioni che spesso non siamo in grado di descrivere utilizzando altre parole. La forza del linguaggio per immagini e sensazioni non solo riesce a comunicare efficacemente un pensiero, ma aiuta anche a ricordarlo a lungo.

Le metafore possono essere costruite in vari modi:

- con un sostantivo: *il **ruggito** dei motori*
- con un aggettivo: *gli anni **verdi*** (della giovinezza)
- con un verbo: *mi **perdo** nei tuoi occhi*
- con un predicato nominale: *quel ragazzo **è una roccia***

3 ▸ **Spiega il significato delle metafore presenti nella poesia di Caproni.**

1. il treno ____________________
2. la valigia ____________________
3. i compagni di viaggio del poeta ____________________
4. la nuova sede ____________________
5. il fumo umido del nebbione che avvolge i personaggi ____________________
6. il disco rosso della stazione ____________________

4 ▸ **In coppia. Nel discorso del viaggiatore ci sono espressioni con funzione fàtica (tendono cioè a stabilire un contatto tra chi parla e chi ascolta) che sono tipiche della lingua parlata. Individuatele e spiegate il motivo della loro presenza nella poesia.**

ESPRESSIONE	SIGNIFICATO
Scusate	*Non voglio disturbare ma devo passare.*

5 ▸ In coppia. Il viaggiatore viene definito "cerimonioso". A turno, spiegate perché e giustificate la vostra risposta con riferimento al testo.

6 ▸ La poesia è una lunga metafora. Riscrivila sotto forma di lettera indirizzata agli amici (circa 150 parole), attribuisci a ogni metafora il suo significato reale.

Cari amici, credo che per me sia meglio prepararmi alla morte...

7 ▸ In coppia. Con immagini e musica costruite una presentazione multimediale della poesia di Caproni. Presentate poi il vostro prodotto ai compagni.

Ecco alcuni suggerimenti per organizzare il lavoro:

- scegliete immagini e musica significative ed originali che rappresentino in modo efficace il contenuto della poesia;
- prestate attenzione allo sviluppo coerente delle varie parti della poesia che scegliete di rappresentare;
- prestate attenzione che la quantità delle immagini sia proporzionata alla durata della musica e che la loro transizione sia collegata al ritmo della musica stessa;
- verificate la qualità delle immagini (numero di pixel).

UNITÀ 2. VIAGGI REALI E VIAGGI IMMAGINARI

PERCORSO D Partire e tornare

IN QUESTO PERCORSO
IMPARI A
- parlare di sentimenti legati ai ricordi
- cogliere e riferire il messaggio di una poesi[a] di una canzone
- analizzare un testo poetico (sonetto)
- conoscere e individuare in una canzone tema, melodia, armonia, tona[lità] maggiori e minori
- trovare in una canzone relazioni tra testo e musica
- analizzare un brano musicale in un blog

1 ▸ **Osserva le immagini. Ti ricordano qualche situazione o momento particolare della tua infanzia? Parlane con un compagno.**

1

2

3

4

5

6

per comunicare

Ricordo bene il giorno in cui... perché...
Non dimenticherò mai il giorno / il luogo / la volta / la scena in cui... perché...
C'è un posto / un momento particolare della mia infanzia al quale sono molto affezionato, ed è... perché...
Se dovessi associare un luogo / un momento della mia infanzia a un'immagine, lo assocerei a... perché...
Se dovessi collegare la mia infanzia a un ricordo, la collegherei alla volta in cui... perché...

Leggi ora una poesia del poeta Giosuè Carducci. La poesia è stata scritta in occasione di un viaggio in treno compiuto dal poeta in età adulta attraverso la Maremma toscana nei posti più cari della sua infanzia.

GIOSUÉ CARDUCCI

Poeta e scrittore, nasce nel 1835 a Valdicastello (Lucca), un paese della maremma toscana. All'età di tre anni si trasferisce con la famiglia a Bolgheri, sperduto paesello che grazie alla sua poesia è poi diventato famoso. Di spirito ribelle e amante della natura (da bambino teneva in casa una civetta, un falco e un lupo), inizia la sua formazione e produzione poetica molto presto. All'età di quattordici anni si trasferisce a Firenze, dove in seguito si laurea con il massimo dei voti. I temi trattati nelle sue opere poetiche sono l'amore, la contemplazione della natura, l'amore per la patria, la morte. Dopo le nozze e la nascita delle prime due figlie si trasferisce a Bologna, dove insegna eloquenza italiana per molti anni all'università. A Bologna Carducci vive un periodo di grande disperazione per la perdita del terzo figlio, Dante, morto a nove anni, e al quale dedica la celebre poesia *Pianto antico*.
Giosuè Carducci è stato il primo poeta italiano a vincere il premio Nobel per la letteratura, nel 1906.
Muore a Bologna l'anno seguente.

2 ▸ **Leggi la poesia *Traversando la Maremma toscana* e svolgi le attività. Poi confronta con un compagno.**

1 Dolce paese, onde portai conforme L'abito fiero e lo sdegnoso canto E il petto ov'odio e amor mai non s'addorme, Pur ti riveggo, e il cuor mi balza in tanto.	Dolce paese, dal quale ho ereditato, simile a te, il carattere fiero e un ideale di poesia contrario a ogni compromesso e l'animo in cui non si placano mai odio e amore, ancora ti rivedo, e rivedendoti il cuore sussulta.
5 Ben riconosco in te le usate forme Con gli occhi incerti tra 'l sorriso e il pianto, E in quelle seguo de' miei sogni l'orme Erranti dietro il giovenile incanto.	Riconosco bene in te le immagini note e familiari incerto se ridere o piangere, e in quegli aspetti seguo le tracce dei miei sogni che vagavano inseguendo le illusioni giovanili.
Oh, quel che amai, quel che sognai, fu in vano; 10 E sempre corsi, e mai non giunsi il fine; E dimani cadrò. Ma di lontano	Oh, quel che ho amato, quel che ho sognato è stato inutile; e ho sempre corso, e non ho mai raggiunto la meta; e domani morirò. Ma da lontano
Pace dicono al cuor le tue colline Con le nebbie sfumanti e il verde piano Ridente ne le piogge mattutine.	le tue colline mi parlano di pace, con le loro nebbie dai contorni sfumati e la verde pianura che brilla sotto la pioggia del mattino.

(da *Rime nuove*, 21 aprile 1885)

IL SONETTO

La poesia è un sonetto, principale forma lirica breve della poesia europea, nata in Italia intorno al XIII secolo.
Il sonetto è formato da quattordici versi (detti endecasillabi, perché composti da undici sillabe diversamente accentate), divisi in due quartine (gruppi di quattro versi) e due terzine (gruppi di tre versi). I versi sono rimati tra loro secondo diverse combinazioni (ad esempio ABAB – ABAB – CDC – DCD).

a. Abbina ogni strofa alla sintesi del suo contenuto. Motiva l'abbinamento.

a. Il poeta fa un bilancio della sua vita.
b. La visione dei luoghi dell'infanzia fa riflettere il poeta sui suoi sogni giovanili.
c. La visione dei luoghi dell'infanzia trasmette al poeta calma e serenità.
d. Il poeta paragona se stesso ai luoghi della sua infanzia.

1 ▸	______
2 ▸	______
3 ▸	______
4 ▸	______

b. Sottolinea gli aggettivi che meglio definiscono il carattere del poeta nella prima strofa. Giustifica la tua scelta.

orgoglioso | deciso | sprezzante | pauroso | passionale | debole | insicuro | coraggioso | indifferente

c. Immagina a quali sogni e illusioni giovanili si riferisce il poeta nella seconda strofa. Fai degli esempi concreti.

d. Individua in quali strofe emerge il contrasto tra passato e presente. Motiva la tua risposta.

e. Individua le emozioni prevalenti in ciascuna strofa.

gioia | nostalgia | commozione | tristezza | serenità | dolcezza
solidarietà | rassegnazione | disillusione | indifferenza

STROFA	EMOZIONI
1	
2	
3	
4	

IL RITMO

Il **ritmo** è la cadenza musicale da cui deriva l'armonia poetica che caratterizza i versi e il modo in cui si sviluppano. Esso varia in base alle scelte stilistiche dell'autore, relative all'organizzazione delle parole nei versi e nelle strofe (sintassi), ma anche dal numero delle sillabe del verso, dei loro accenti ritmici disposti secondo particolari schemi, diversi in ogni tipo di verso. Gli accenti ritmici sono gli accenti fondamentali che cadono sulle sillabe toniche, cioè accentate, dove la voce si appoggia.

Nel sonetto di Carducci emergono ritmi differenti:

- un ritmo lento e meditativo, per l'uso di periodi ampi, per la presenza di molti aggettivi, di aspetti descrittivi e di riflessioni del poeta;
- un ritmo pacato, per la presenza di parole che trasmettono calma e serenità, riunite in periodi armoniosi;
- un ritmo affannato e accelerato, dato da frasi brevi unite ad esempio dalla ripetizione della congiunzione "e".

f. **Associa a ogni strofa il suo ritmo. Scegli tra le parole date.**

lento | meditativo | pacato | affannato

STROFA	RITMO
1	
2	
3	
4	

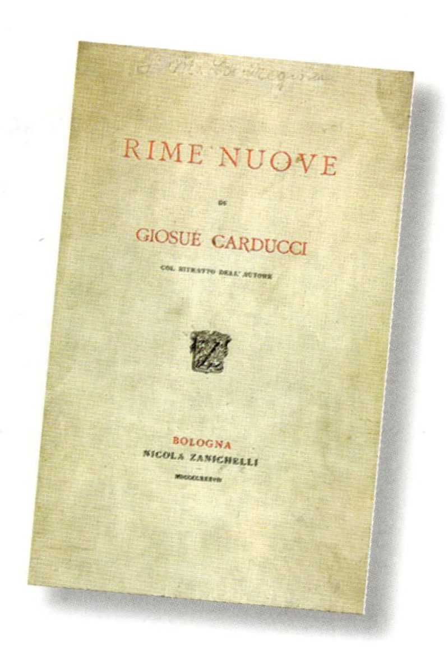
RIME NUOVE
DI
GIOSUÈ CARDUCCI
COL RITRATTO DELL'AUTORE
BOLOGNA
NICOLA ZANICHELLI
MDCCCLXXXVII

3 ▸ **In coppia. Riassumete e commentate il contenuto della poesia. Seguite la traccia proposta.**

- La poesia è stata scritta in occasione di...
- Nel sonetto l'autore ricorda / narra / descrive / esprime / confronta / riflette su...
- Nella prima strofa l'io lirico canta la terra natale, dalla quale...
- Nella seconda strofa il poeta esprime... e ripensa a...
- Nella terza strofa il poeta fa un amaro bilancio della sua vita...
- Nella quarta strofa la contemplazione del paesaggio naturale consente all'io lirico di...
- Nel componimento emergono diverse emozioni provate dal poeta...

➨ Stai per ascoltare la canzone di un noto cantautore italiano.

4 ▸ **Leggi la biografia e individua gli elementi elencati.**

- il nome d'arte del cantautore
- il suo paese di origine
- il titolo del libro in cui parla della sua vita

ZUCCHERO

Il cantautore italiano Adelmo Fornaciari, più noto come Zucchero, è nato nel 1955 a Roncocesi, paese agricolo in provincia di Reggio Emilia. Musicista di fama internazionale ha collaborato con molti grandi nomi della musica. Il suo stile unisce elementi del blues e della canzone italiana. Dei suoi lavori si ricordano: *Rispetto* (1986), *Blue's* (1987), *Oro incenso & birra*, 1989, *Miserere* (1992), *Spirito DiVino* (1995), la raccolta di duetti *ZU & COmpany* (2004), *Fly* (2006), *All the best* (2007), *Live in Italy* (2008), *Chocabeck* (2010), *La sesión cubana* (2012). Nel 2011 ha pubblicato il libro autobiografico *Il suono della domenica. Il romanzo della mia vita.*

5 ▸ **Ascolta la canzone e scopri l'argomento.**

6 ▸ **Riascolta la canzone e completa il testo con le parole mancanti.**

IL SUONO DELLA DOMENICA

1
Ho visto gente sola andare via, sai
Tra le **1.** ____________ e i **2.** ____________ di
chi spera, vai
Tu sai di me io so di te
Ma il **3.** ____________ della domenica
Dov'è?

2
Al mio paese
Vedo **4.** ____________ il grano
Ha **5.** ____________ tese,
Verso l'eternità
Il mio paese

3
Ho visto cieli pieni di **6.** ____________ , sai
E ho visto **7.** ____________ false fare solo guai
Che sai di noi
Che sai di me
Ma il suono della **8.** ____________
Dov'è?

4
Al mio paese
Vedo falciare il grano,
Ha **9.** ____________ tese,
Verso l'eternità
Il mio paese

5
Ti lascerò un sorriso, ciao
E **10.** ____________ nuova in viso, ciao
La tenerezza che, ciao
Fa il **11.** ____________ in gola a me

6
Al mio paese
è ancora giallo il grano,
Ha braccia **12.** ____________
Verso l'**13.** ____________
Il mio paese!

7
Al mio paese
Vedo fiorire il **14.** ____________
Le **15.** ____________ prese
Non le hanno rese mai.
Al mio paese

8
Che suono fa la Domenica
Da te

http://www.zucchero.it/testi/il-suono-della-domenica/

7 ▸ **In coppia. Elencate i diversi luoghi c l'autore ha visitato o le situazioni c ha vissuto durante i suoi viaggi e ch confronta con il suo paese.**

8 ▸ **In coppia. Abbinate le proposte di interpretazione alle diverse strofe della canzone.**

a. Contemplo la natura, così feconda, piena d vita, e provo una grande nostalgia in quest sentimento di apertura che mi collega idealmente all'eternità, come se abbraccia l'infinito.

b. Provo ancora una forte nostalgia quando contemplo la natura nel momento della raccolta dei suoi frutti; mi sento collegato all'infinito e mi sembra di abbracciarlo.

c. Saluto il paese dal quale provengo con tenerezza e con un semplice ciao. Ma nell'abbandonarlo mi rattristo e provo sentimenti di rabbia e di angoscia.

d. Ho conosciuto la disperazione di gente che ha visto svanire i suoi sogni e che per questo se ne è dovuta andare. Conosciamo il nostro presente, crediamo di conoscerci, ma dimentichiamo cose importanti, quali il nostro passato e gli affetti a cui siamo mol legati.

e. Ho visto luoghi poveri e pieni di miseria; ho visto luoghi in cui il credere a valori sbaglia ha causato solo guai: guerre, disuguaglianz sociali. Il presente è relativo; è poco in confronto alla potenza affettiva dei ricordi.

f. E tu? Quali ricordi hai quando pensi al post in cui hai vissuto la tua infanzia?

g. Al mio paese prevalgono i valori "buoni", i sani. La gente è pacifica, non vendicativa, s perdonare.

h. Ammiro i colori della natura e dei suoi frutt nulla è cambiato, mi sento sicuro nel mio ambiente.

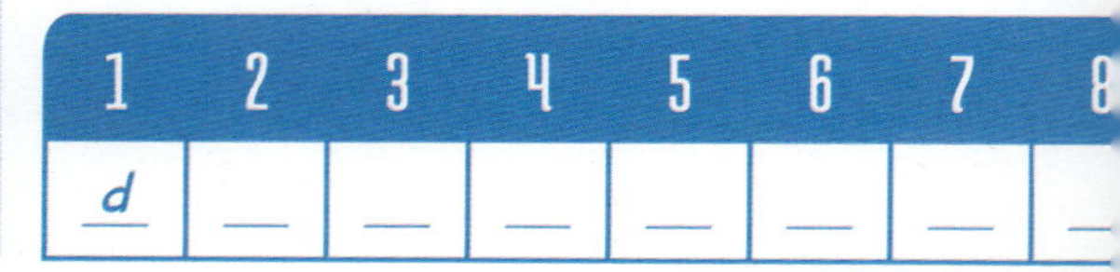

1	2	3	4	5	6	7	8
d	__	__	__	__	__	__	__

9 ▸ Sintetizza il messaggio della canzone (50 parole).

10 ▸ Con un compagno rispondi alla domanda finale della canzone. Descrivi la tua domenica attraverso i suoi suoni, i colori e i profumi.

11 ▸ In coppia. Confrontate la poesia di Carducci con la canzone di Zucchero (120-150 parole).

Individuate:
- aspetti in comune
- differenze

IL TEMA MUSICALE

Un **tema musicale** è una melodia che caratterizza una parte di una composizione. In esso il compositore vuole comunicare un'immagine, un'idea o un sentimento. Il tema è caratterizzato anche dall'uso di armonie e strumenti musicali che trasmettono un senso di unità. Un tema musicale è paragonabile a un discorso coeso e coerente.

12 ▸ **Individua i quattro temi musicali della canzone, come nell'esempio.**

a. Il primo tema *all'inizio della canzone riguarda posti visti e sensazioni provate. Il tema si ripete tutte le volte in cui il testo inizia con "Ho visto".*

b. Il secondo tema, ______________________________

c. Il terzo tema, ______________________________

d. Il quarto tema, il più breve, ______________________________

LE ARMONIE

Le **armonie** sono gruppi di note suonate nello stesso momento. L'insieme delle armonie forma un'atmosfera musicale, che può suonare "felice" o "triste". Nel linguaggio musicale questa si definisce **tonalità** che può essere maggiore o minore. Un brano può essere quindi costruito con tonalità maggiori o minori.

13 ▸ **Riascolta la canzone e segna nel testo a pagina 118, per ogni strofa, i punti in cui riconosci le tonalità maggiori (+) o minori (-).**

14 ▸ **In piccolo gruppo. Immaginate di intervenire in una trasmissione radiofonica. Preparatevi per trattare i punti elencati.**

- Spiegate perché, secondo voi, nella sua canzone Zucchero sviluppa tonalità maggiori per alcune strofe e tonalità minori per le altre.
- Immaginate che Carducci fosse un compositore: quali tonalità maggiori o minori avrebbe usato per comunicare l'atmosfera delle sue parole in viaggio? Leggete di nuovo il sonetto e associate alle quartine e alle terzine la giusta tonalità. Motivate la vostra scelta.
- Iniziate con: *Recentemente abbiamo avuto occasione di ascoltare "Il suono della domenica", di Zucchero...*

UNITÀ 3. EFFETTO CINEMA

PERCORSO A Basilicata coast to coast

Basilicata coast to coast è un film italiano, diretto da Rocco Papaleo, uscito nel 2010.

ROCCO PAPALEO

Antonio Rocco Papaleo nasce a Lauria, in Basilicata, nel 1958. Si trasferisce a Roma per intraprendere gli studi universitari e lì inizia a muovere i primi passi nel mondo dello spettacolo.

Dopo aver lavorato con successo in teatro e in televisione, nel 1989 avviene il suo debutto cinematografico. Da allora ha lavorato in numerose produzioni cinematografiche di successo senza trascurare la sua carriera di cantante e musicista. Del 2010 è il suo esordio alla regia con il film *Basilicata coast to coast* per il quale ottiene un buon successo di pubblico e numerosi riconoscimenti da parte della critica, come per esempio il David di Donatello.

IN QUESTO PERCORSO
IMPARI A

- conoscere una regione italiana
- analizzare singole scene di un film
- riflettere sul significato profondo del film
- scrivere la scena finale del film
- ideare un itinerario di viaggio e presentarlo a un pubblico

1 **Prima di guardare il film, metti alla prova le tue conoscenze geografiche con questo breve test.**

1. Indica la regione Basilicata sulla cartina geografica.

2. Il capoluogo della Basilicata è
- ☐ **a.** Catanzaro.
- ☐ **b.** Potenza.
- ☐ **c.** Campobasso.

3. La Basilicata confina con le seguenti regioni:
- ☐ **a.** Campania, Lazio e Puglia.
- ☐ **b.** Campania, Calabria e Puglia.
- ☐ **c.** Campania, Molise e Puglia.

4. Gli abitanti della Basilicata si chiamano
- ☐ **a.** basalicatesi.
- ☐ **b.** lucani.
- ☐ **c.** basilicani.

5. Il film si intitola *Basilicata coast to coast*. Le coste su cui si affaccia questa regione sono
- ☐ **a.** adriatica e ionica.
- ☐ **b.** tirrenica e adriatica.
- ☐ **c.** tirrenica e ionica.

6. Se ti trovi in Basilicata puoi visitare
- ☐ **a.** i Bronzi di Riace.
- ☐ **b.** il Castello Sforzesco.
- ☐ **c.** i sassi di Matera.

19

2 ▸ Guarda i primi due capitoli del film e svolgi le attività insieme a un compagno.

a. Completa la tabella.

CHI?	CHE COSA?	DOVE?	PERCHÉ?

b. Scopri come si chiamano e che cosa fanno i quattro protagonisti. Nel testo dell'attività 3 potrai controllare la correttezza delle tue risposte.

1. ______ 2. ______ 3. ______ 4. ______

a. È il portavoce del gruppo.	
b. Suona il contrabbasso.	
c. Suona la chitarra.	
d. Suona solo di tanto in tanto con la band.	
e. Vive a Roma.	
f. È il beniamino di tutta Maratea anche se ci va occasionalmente.	
g. Propone un nome per il gruppo.	
h. Sente alla radio che sono stati ammessi al Festival di Scanzano Ionico.	
i. Insegna matematica in un liceo.	
l. È falegname.	
m. Aspira a diventare attore e partecipa ai provini televisivi.	
n. Ha l'idea di raggiungere Scanzano Ionico a piedi.	
o. Organizza la conferenza stampa.	

c. Completa con le espressioni date in disordine la descrizione dell'immagine che riguarda un momento del film.

conferenza stampa | parroco | comunicato | accettano | progetto | annoiata | riprendere | parrocchiale

L'immagine si riferisce alla **1.** ______________. I quattro protagonisti vogliono presentare il loro **2.** ______________ alla stampa, però in platea sono sedute solo due persone, il **3.** ______________ del paese e una giornalista dall'aria **4.** ______________. Nicola decide di leggere ugualmente il **5.** ______________ con tutte le informazioni. Al termine della presentazione il parroco si congratula con loro e gli propone di **6.** ______________ il loro viaggio per la televisione locale: la giornalista e un operatore li potrebbero accompagnare in quest'avventura. Pur trattandosi di una piccola televisione **7.** ______________ i quattro **8.** ______________ la proposta.

d. Il momento è imbarazzante, ma Nicola ha deciso ugualmente di leggere il suo comunicato. Completa il foglio con gli appunti di Nicola.

Nome del gruppo: ______________

Nome del progetto: ______________

Slogan: ______________

Motivo del progetto: ______________

Senso del progetto: ______________

B. Le tre immagini si riferiscono a tre momenti dell'inizio del viaggio. Attribuisci a ciascuna immagine il giusto titolo.

1.

2.

3.

	TITOLO	IMMAGINE
a.	La cronaca di un anacronismo	
b.	Il panino con la frittata di mia madre	
c.	Favorite i documenti!	

L'ANACRONISMO

Un **anacronismo** è un errore cronologico per cui si collocano in un periodo storico avvenimenti accaduti in un'altra epoca. Nel caso del film si fa riferimento al fatto che i protagonisti fanno qualcosa di molto insolito per la loro epoca quando potrebbero tranquillamente fare il viaggio in macchina.

3 ▸ **Leggi la presentazione del film per verificare la correttezza delle tue risposte alle attività precedenti.**

Nicola Palmieri (*Rocco Papaleo*) insegna matematica in un liceo artistico e coltiva il sogno della musica. Lui è il frontman[1] entusiasta di un gruppo di amici di Maratea, con cui ha formato una piccola band. Salvatore Chiarelli (*Paolo Briguglia*), alla chitarra, è uno studente di medicina che ha dimenticato di laurearsi e di innamorarsi, Franco Cardillo (*Max Gazzè*), al contrabbasso, è pescatore di pesca libera a cui 5 l'amore ha tolto la parola e fa il falegname, e infine Rocco Santamaria (*Alessandro Gassman*), cugino di Salvatore, alle percussioni, è un personaggio televisivo di grande fascino, ma ormai in declino perché da due anni non riesce più a trovare un'occupazione nello spettacolo.

In una calda estate lucana, i quattro decidono di partecipare al festival nazionale del teatro-canzone di Scanzano Jonico e si danno il nome alternativo di "Le Pale Eoliche". Da Maratea a Scanzano Jonico devono 10 attraversare la Basilicata dalla costa tirrenica alla costa ionica. Si tratta di poco più di un centinaio di chilometri che con la strada statale si percorrono in poco più di un'ora, però Nicola propone di partire dieci giorni prima e di raggiungere la loro destinazione a piedi, cercando nel cammino di ridare anche un senso alla loro vita. Decidono di intitolare il loro progetto *Basilicata coast to coast* e Nicola conia lo slogan: "La vita è un viaggio troppo corto, se non lo si allunga".

15 Armati dei loro strumenti, di un carretto trainato da un cavallo bianco, dell'immancabile panino con la frittata al quale hanno dedicato pure una canzone e di piccoli pannelli solari, iniziano il viaggio che viene ripreso da una televisione parrocchiale. L'incarico di documentare il cammino viene affidato a una giornalista svogliata e annoiata di nome Tropea Limongi (*Giovanna Mezzogiorno*), figlia di un noto politico locale. Nel lungo tragitto seguono strade alternative, si fermano in paesini ricchi di storia e fanno incontri 20 interessanti, si accampano in luoghi incantevoli e provano le canzoni da fare al festival. Tra una canzone e un bicchiere di Aglianico[2], il viaggio avrà per ognuno di loro un valore terapeutico e provocherà dei cambiamenti nelle loro vite.

adattato da: *http://it.wikipedia.org*

[1] frontman: termine inglese che indica l'uomo più carismatico di un gruppo musicale. Molto spesso, ma non sempre, è la voce solista del gruppo.

[2] Aglianico: noto vino che si produce in Basilicata.

4 ▸ **Durante il viaggio gli amici faranno tappa in diversi paesi. Confronta il testo con la mappa dell'itinerario e completa la tabella con i nomi delle tappe mancanti.**

L'ITINERARIO

L'itinerario seguito dai protagonisti del film *Basilicata coast to coast*, lungo più di 200 km, ci porta a scoprire una regione ancora poco conosciuta, caratterizzata da due mari, maestosi monti, paesaggi lunari, suggestive valli e dall'animo autentico e puro della sua gente.
L'itinerario inizia da Maratea sulla costa del Mar Tirreno. Maratea presenta un centro storico ricco di
5 monumenti importanti tra i quali le numerose chiese e proprio per questo motivo è conosciuta anche come la città delle 44 chiese.
La tappa successiva è il borgo di Trecchina. Lasciata Trecchina si prosegue verso Lauria, paese natale di Rocco Papaleo, il regista del film. Da Lauria si prosegue in direzione del Lago di Pietra del Pertusillo e da lì verso Aliano, paese che ispirò allo scrittore Carlo Levi, confinato lì durante il fascismo, il suo romanzo più
10 conosciuto, *Cristo si è fermato a Eboli*.
Tappa successiva dell'itinerario è un altro splendido e suggestivo borgo della Basilicata, Craco, chiamato "paese fantasma". Da lì inizia la discesa verso la costa del mar Jonio e passando prima per Tursi, si raggiunge Scanzano Jonico, destinazione finale del film.

A = Maratea
B = Trecchina
C = Lauria
D = ______________________
E = ______________________
F = ______________________
G = ______________________
H = ______________________

Nel corso del viaggio i protagonisti cambieranno molto e faranno scoperte importanti sui propri compagni di viaggio, ma anche su se stessi. La prima a cambiare il proprio atteggiamento è Tropea, che a un certo punto decide di proseguire il cammino insieme ai quattro amici. Quasi contemporaneamente però Rocco Santamaria abbandona il gruppo: ha ricevuto, infatti, una telefonata dal suo agente e gli diventa improvvisamente chiaro che il suo futuro di attore è ormai definitivamente compromesso. La delusione è forte, vuole proseguire da solo e dice agli amici che si rivedranno ad Aliano. In realtà si rivedranno solo a Scanzano Jonico, la meta finale.

20

5 **Riprendi la visione del film dal capitolo 7 e svolgi le attività. Concentrati sui personaggi e sul cambiament che il viaggio provoca in ciascuno di loro.**

a. Il primo è Franco:

- che cosa è successo nel suo passato che per anni ha condizionato la sua vita?
- che cosa gli succede invece una volta raggiunta la meta finale?

b. Dopo Franco è il turno di Salvatore:

- quale evento provoca un cambiamento in lui?
- che cosa è successo nel suo passato che ha condizionato le sue scelte futu

c. Il cambiamento avvenuto in Tropea è evidente sia nell'aspetto fisico sia nel comportamento. Completa la tabella, come nell'esempio.

PRIMA

DOPO

	ASPETTO FISICO	COMPORTAMENTO
PRIMA	*porta gli occhiali scuri*	*non sorride mai*
DOPO	*ha i capelli sciolti sulle spalle*	*scrive testi di canzoni*

d. **Inserisci i nomi dei protagonisti negli spazi.**

Al termine del loro viaggio **1.** ______________________ ha ritrovato la voglia di continuare i suoi studi in medicina e si laureerà; **2.** ______________________ ha abbandonato i suoi sogni di gloria per trovare un lavoro normale e inizierà a gestire il negozio di famiglia; **3.** ______________________ ha ripreso a parlare e ha scoperto un sentimento nuovo per Tropea, mentre **4.** ______________________ finalmente è riuscito a portare a termine un progetto iniziato, dimostrando così a sua moglie di saper essere una persona determinata.

6 ▸ **Che cosa farà Tropea? Tutti i protagonisti sono riusciti a dare un nuovo senso alla loro vita; solo la relazione tra Tropea e Franco rimane irrisolta a causa di ciò che lui ha detto. Insieme a un compagno scrivi la scena finale del film che deve comprendere un dialogo chiarificatore fra i due (minimo 10-12 battute a testa).**

____

____

____

____

____

____

____

____

____

____

7 ▸ **In gruppo. Seguite l'esempio dei quattro amici del film e ideate un itinerario di viaggio nella vostra provincia.**

Alcuni suggerimenti per organizzare il vostro lavoro.

- Preparate un "comunicato stampa" simile a quello del film.
- Scegliete quindi il nome del vostro gruppo, il motivo e il senso del progetto di viaggio.
- Individuate anche uno slogan efficace.
- Scegliete le tappe del viaggio "da… a…", con destinazioni intermedie, nella vostra provincia.
- Cercate informazioni sulle tappe.
- Pensate ai mezzi da utilizzare per gli spostamenti.
- Pianificate la presentazione del lavoro (gestite ruoli, tempi, strumenti).
- Presentate il vostro lavoro alla classe.

m2

PER CONCLUDERE...

UNO SPOT PUBBLICITARIO

OBIETTIVO

Creare uno spot pubblicitario definendo un messaggio base, descritto testualmente e tradotto in immagini, paro simboli utilizzando le strategie apprese nell'unità 1, percorso D.

PROCEDURA

1 ▸ **In piccolo gruppo definite il progetto. Un compagno intervista i componenti del gruppo e raccoglie in un verbale le varie proposte. Insieme se ne sceglie una. Potete documentare questa fase del lavoro con una registrazione che vi servirà da backstage.**

a. **Scegliete il prodotto da pubblicizzare.**

Ecco due proposte.

1. Create uno spot che pubblicizzi una forma diversa di turismo da quella proposta da Alpitour per esempio il turismo culturale, sportivo, responsabile, naturalistico, enogastronomico, balneare, montano, escursionistico, ecc...
2. Create uno spot che pubblicizzi una forma di viaggio d'istruzione adatta alle classi della vostra scuola (1° biennio, 2° biennio o 5a classe).

b. **Decidete che forma dare al vostro prodotto finale, se metterlo in scena, videoregistrarlo, o altro.**

c. **Individuate il target, la categoria di persone cui è rivolto lo spot.**

d. **Definite i tempi di realizzazione del vostro prodotto.**

e. **Definite il messaggio base da tradurre in un claim.**

Ecco qualche suggerimento su come ideare un claim.

Un claim deve:
- essere una frase breve
- essere facile da ricordare
- far sorridere il cliente
- essere composto da parole semplici o da espressioni comuni
- avere un chiaro riferimento al prodotto
- mettere in evidenza le qualità del prodotto
- essere creativo (giochi di parola, onomatopee, uso di parole macedonia,...)

Un consiglio fondamentale è di non creare uno slogan riferendosi a qualità o caratteristiche del prodotto o dell'azienda che non possono essere mantenute o comunque non veritiere in quanto uno slogan non "eticament corretto" porta dei risultati opposti a quelli desiderati.

f. **Accompagnate il messaggio con musica adatta al prodotto.**

g. **Una volta creato il messaggio, dovete immaginare una storia breve che possa concludersi con una scena perfettamente descritta dal vostro slogan o che, in alternativa, lo descriva con le immagini parola per parola.**

h. **Create uno storyboard, mettete cioè in ordine cronologico le sequenze disegnate dello spot; lo storyboard viene anche chiamato "sceneggiatura disegnata".**

i. **Concordate con il gruppo quali materiali vi servono per realizzare lo spot, scegliete gli attori, i costumi, le immagini.**

l. **Presentate il vostro spot finale alla classe.**

RIFLETTO SUL LAVORO SVOLTO

- Mi è piaciuto affrontare il tema del viaggio. sì ☐ no ☐
- Segno l'unità che ho trovato più interessante, che ho trovato più utile e che ho trovato più difficile.

	più interessante	più utile	più difficile
	^ ^	• •	> <
1. Viaggiare ieri e oggi	☐	☐	☐
2. Viaggi reali, viaggi immaginari	☐	☐	☐
3. Effetto cinema	☐	☐	☐
Progetto. Realizzare uno spot pubblicitario	☐	☐	☐

- Ho trovato più interessante l'unità / il percorso ________ perché ________________________________
____
- Ho trovato più utile l'unità / il percorso ________ perché ________________________________
____
- Ho trovato più difficile l'unità / il percorso ________ perché ________________________________
____
- Indico le tre attività che ho trovato più interessanti e indico perché.

unità ________ percorso ________ attività ________
____

unità ________ percorso ________ attività ________
____

unità ________ percorso ________ attività ________
____

- Indico le tre attività che ho trovato particolarmente difficili e spiego perché.

unità ________ percorso ________ attività ________
____

unità ________ percorso ________ attività ________
____

unità ________ percorso ________ attività ________
____

- I miei suggerimenti per rendere queste attività meno difficili (cosa mi avrebbe aiutato a superare le difficoltà)

____
____
____

m2

PER CONCLUDERE...

RIFLETTO SUL LAVORO SVOLTO

Segno l'unità che ho trovato più interessante, che ho trovato più utile e che ho trovato più difficile.

	più interessante	più utile	più difficile
leggere una varietà di testi su come si viaggiava nel passato	☐	☐	☐
parlare delle differenze tra viaggi di ieri e di oggi	☐	☐	☐
condurre un'intervista radiofonica sul tema del viaggio	☐	☐	☐
consultare un sito per trarre nuove informazioni	☐	☐	☐
fare una presentazione orale con l'aiuto di supporti visivi	☐	☐	☐
parlare di vantaggi e svantaggi dei diversi modi di viaggiare	☐	☐	☐
ricavare da un testo orale informazioni sulle preferenze	☐	☐	☐
riconoscere alcuni accorgimenti usati negli spot pubblicitari	☐	☐	☐
confrontare alcuni personaggi da *La Divina Commedia*	☐	☐	☐
comprendere e analizzare una poesia e le sue metafore	☐	☐	☐
trasferire una lettera in poesia in una lettera informale	☐	☐	☐
preparare la presentazione multimediale della poesia	☐	☐	☐
analizzare una poesia per cogliere ritmo e stato d'animo	☐	☐	☐
confrontare il tema della poesia con quello di una canzone	☐	☐	☐
parlare degli effetti musicali riferiti alla canzone	☐	☐	☐
capire il film *Basilicata Coast to Coast* in modo approfondito	☐	☐	☐
parlare del film, dei suoi personaggi e della loro ricerca	☐	☐	☐
progettare un itinerario	☐	☐	☐
progettare e realizzare uno spot pubblicitario	☐	☐	☐

Sul tema del viaggio mi piacerebbe ancora approfondire questi aspetti:

____

In generale lavoro meglio quando le attività si basano su:

- ☐ poesie
- ☐ film
- ☐ canzoni
- ☐ racconti o stralci da romanzi
- ☐ testi della quotidianità (articoli da giornali o riviste, recensioni, e-mail...)
- ☐ altro ______________

In generale ho trovato utili:

- ☐ le schede grammaticali
- ☐ le espressioni per comunicare
- ☐ le schede sulle figure retoriche nei testi letterari
- ☐ le schede che presentano gli accorgimenti musicali
- ☐ le schede che aiutano a guardare quadri e opere d'ar
- ☐ le schede che presentano gli accorgimenti usati in testi e spot pubblicitari

MI AUTOVALUTO

In questo modulo sono riuscito a...

	molto bene	bene	con qualche difficoltà	con parecchie difficoltà
leggere una varietà di testi su come si viaggiava nel passato	☐	☐	☐	☐
parlare delle differenze tra viaggi di ieri e di oggi	☐	☐	☐	☐
condurre un'intervista radiofonica sul tema del viaggio	☐	☐	☐	☐
consultare un sito per trarre nuove informazioni	☐	☐	☐	☐
fare una presentazione orale con l'aiuto di supporti visivi	☐	☐	☐	☐
parlare di vantaggi e svantaggi dei diversi modi di viaggiare	☐	☐	☐	☐
ricavare da un testo orale informazioni sulle preferenze	☐	☐	☐	☐
riconoscere alcuni accorgimenti usati negli spot pubblicitari	☐	☐	☐	☐
confrontare alcuni personaggi da La Divina Commedia	☐	☐	☐	☐
comprendere e analizzare una poesia e le sue metafore	☐	☐	☐	☐
trasferire una lettera in poesia in una lettera informale	☐	☐	☐	☐
preparare la presentazione multimediale della poesia	☐	☐	☐	☐
analizzare una poesia per cogliere ritmo e stato d'animo	☐	☐	☐	☐
confrontare il tema della poesia con quello di una canzone	☐	☐	☐	☐
parlare degli effetti musicali riferiti alla canzone	☐	☐	☐	☐
capire il film *Basilicata Coast to Coast* in modo approfondito	☐	☐	☐	☐
parlare del film, dei suoi personaggi e della loro ricerca	☐	☐	☐	☐
progettare un itinerario	☐	☐	☐	☐
progettare e realizzare uno spot pubblicitario	☐	☐	☐	☐

Ho anche imparato a...

	molto bene	bene	con qualche difficoltà	con parecchie difficoltà
collaborare con i compagni	☐	☐	☐	☐
riconoscere mezzi tecnici musicali come ritmo e armonia	☐	☐	☐	☐
interpretare quadri osservando soggetto, forme e colori per cogliere l'atmosfera	☐	☐	☐	☐
altro ______________________	☐	☐	☐	☐

Vorrei migliorare ____

Per migliorare avrei bisogno di ____

modulo 3

UN LIBRO PER... *IO E TE*

In questo modulo avrai modo di affrontare la lettura integrale del romanzo breve *Io e te*, scritto da Niccolò Ammaniti, un autore italiano contemporaneo. Avrai la possibilità di analizzare singole scene e di riflettere sui sentimenti e sui comportamenti dei personaggi. Potrai, inoltre, confrontare alcune scene del romanzo con la sua trasposizione cinematografica.
Alla fine del modulo avrai acquisito elementi conoscitivi e linguistici sufficienti per realizzare un fotoromanzo basato sul romanzo letto.

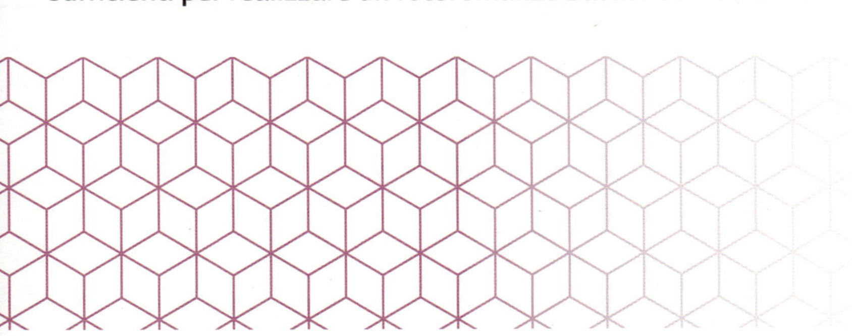

M3 PER COMINCIARE

➡ In questo modulo ti viene proposta la lettura integrale di un breve romanzo italiano contemporaneo. Si tratta di *Io e te* di Niccolò Ammaniti.

1 ▸ **Questa è la copertina del libro che stai per leggere.**
In questo romanzo il titolo e la copertina non danno alcun indizio sul contenuto.
Insieme a un compagno formula delle ipotesi circa l'ambientazione, i protagonisti e i contenuti del libro.

2 ▸ **Leggi la presentazione tratta dalla quarta di copertina del romanzo. Inserisci le informazioni e rispondi al quesito.**

Una cantina.
Una bugia innocente.
L'idea strampalata di una settimana bianca nelle viscere del proprio palazzo.
E l'arrivo improvviso di una sconosciuta.
Con una manciata di ingredienti Ammaniti costruisce un racconto sul più semplice e imperscrutabile dei misteri: come diventare grandi.

tratto da: *http://www.einaudi.it*

CHI?	DOVE?	CHE COSA?	ARGOMENTO DEL LIBRO

L'espressione **settimana bianca** significa

☐ **a.** una settimana senza scuola.
☐ **b.** una settimana di vacanza in montagna.
☐ **c.** una settimana di vacanza al mare.

3 ▸ **Per saperne di più sui protagonisti del romanzo completa la trama del libro con le espressioni date in disordine.**

solitudine | sorellastra | quattordicenne | affrontare | legame | perduto | droga | fuori | settimana bianca

Lorenzo, un 1. ______________ introverso e un po' nevrotico, si chiude in 2. ______________ facendo credere ai genitori di essere partito per una 3. ______________ con gli amici. Il mondo, con le sue regole e le sue finzioni, resta 4. ______________ dalla porta, mentre lui si prepara a trascorrere lunghe giornate in completa 5. ______________. Ma all'improvviso nel bunker piomba Olivia, la sua 6. ______________, in fuga da un passato difficile e dai problemi con la 7. ______________. Sarà proprio l'incontro con questa ragazza, così diversa da lui, che aiuterà Lorenzo a uscire dall'ombra, ad 8. ______________ la vita, a provare finalmente un affetto vero e a ritrovare un 9. ______________ importante che sembrava 10. ______________.

4 ▸ **Lorenzo trascorrerà un'intera settimana in cantina. Con un compagno stila una lista delle cose di cui potrebbe aver bisogno durante questi sette giorni. Alla fine del prossimo percorso potrai controllare se ha portato le stesse cose che sono venute in mente a te.**

____

____

____

____

____

____

____

____

____

____

____

____

____

____

____

____

____

UNITÀ 1. IN CANTINA

PERCORSO A La settimana bianca

IN QUESTO PERCORSO
IMPARI A
- ricavare informazioni da un testo orale
- individuare e riordinare sequenze di un capitolo
- riconoscere l'analessi (o *flashback*)
- tradurre una descrizione un disegno o plastico

Il libro *Io e te* si apre con un prologo, rispetto al quale i dieci capitoli che compongono il romanzo costituiscono un'analessi o *flashback*.
Infatti gli eventi principali sono accaduti dieci anni prima in un altro luogo.
La vicenda si conclude con un significativo colpo di scena nello stesso luogo e tempo del momento iniziale.

L'ANALESSI

L'**analessi** (o *flashback*) è una tecnica narrativa che consiste nel tornare indietro nel tempo rispetto al momento in cui l'autore ha deciso di iniziare la narrazione. Si tratta di un procedimento molto usato sia nei testi letterari sia nel cinema. Lo scopo è generalmente quello di caratterizzare più a fondo un personaggio o di chiarire alcuni aspetti del presente raccontando eventi del passato.

21

1 ▸ **Ascolta il prologo del romanzo e completa la tabella, come negli esempi.**

CHI?	CHE COSA?	DOVE?	QUANDO?	PERCHÉ?
- un ragazzo	______	*nel bar del suo*	______	______
- la cameriera	______	*albergo*	______	______
______	______	______	______	______

2 ▸ **Leggi il testo del prologo e verifica le tue risposte.**

3 ▸ **Leggi il primo capitolo e riordina i titoli delle sequenze che lo compongono.**

b. Il tragitto in macchina

a. Il mattino dopo

c. Finalmente in cantina

e. La sera del 18 febbraio

d. Il ritorno in tram

f. La sosta a Villa Borghese

1	2	3	4	5	6
______	______	______	______	______	______

Villa Borghese: è un grande e famoso parco di Roma.

4 ▸ **Completa le affermazioni per ricostruire il riassunto del capitolo.**

1. La sera del 18 febbraio 2000 Lorenzo Cuni

- ☐ **a.** è partito per la settimana bianca a Cortina insieme ai suoi compagni di classe.
- ☐ **b.** dopo tanti anni ha finalmente rivisto la sua sorellastra Olivia.
- ☐ **c.** è andato a letto presto, ma ha passato una notte molto agitata.

2. La mattina dopo sua madre

- ☐ **a.** lo ha sgridato perché si era alzato troppo tardi.
- ☐ **b.** lo ha accompagnato in macchina all'appuntamento.
- ☐ **c.** lo ha salutato velocemente perché doveva andare all'ospedale dalla nonna.

3. Lorenzo non voleva che la mamma lo accompagnasse all'appuntamento con gli amici perché

- ☐ **a.** secondo lui anche gli altri amici sarebbero venuti da soli e non voleva che lo prendessero in giro.
- ☐ **b.** aveva detto una bugia alla mamma e in realtà non aveva nessun appuntamento.
- ☐ **c.** da quando aveva iniziato la scuola superiore voleva essere totalmente indipendente.

4. Durante il tragitto in tram verso casa Lorenzo

- ☐ **a.** ha finalmente potuto tirare un sospiro di sollievo.
- ☐ **b.** si immaginava come avrebbe potuto essere la settimana bianca insieme ai suoi amici.
- ☐ **c.** si sentiva felice all'idea di poter tornare a casa e raccontare la verità ai suoi genitori.

5. Sceso dal tram, Lorenzo stava rientrando troppo presto a casa e perciò

- ☐ **a.** si è diretto verso Villa Borghese in attesa di un momento migliore per rientrare.
- ☐ **b.** ha incontrato suo padre che stava uscendo di casa per recarsi al lavoro.
- ☐ **c.** ha chiesto al portiere del palazzo di farlo entrare in casa di nascosto senza farlo sapere ai suoi genitori.

6. Dopo un'attesa piuttosto lunga e un astuto trucco fatto al portiere del palazzo, Lorenzo

- ☐ **a.** è riuscito a raggiungere la cantina dove aveva già preparato tutto ciò che gli serviva.
- ☐ **b.** è rientrato in casa e ha raccontato la verità ai suoi genitori.
- ☐ **c.** è stato scoperto dai suoi genitori che gli hanno inflitto una severa punizione per la bugia.

5 ▸ **Il primo capitolo si conclude con la descrizione della cantina. Rileggi il passo con attenzione e, con un compagno, realizza un disegno della cantina.**

6 ▸ **Verifica le ipotesi formulate nell'attività 4 a pagina 135.**

UNITÀ 1. IN CANTINA

PERCORSO B L'infanzia di Lorenzo

Il capitolo 2 costituisce un ulteriore *flashback* all'interno della narrazione. Qui Lorenzo rievoca significativi episodi della sua infanzia che consentono al lettore di conoscerlo più a fondo e di cominciare a comprendere il perché della sua scelta.

IN QUESTO PERCORSO

IMPARI A

- collegare episodi del romanzo a immagini
- riflettere sul carattere e sul comportamento di u
- personaggio
- confrontare due testi e individuarne le differenz
- analizzare i cambiament di un personaggio e sape riassumere

1 **Leggi il capitolo 2 e associa ciascuna immagine a un periodo dell'infanzia di Lorenzo. Poi giustifica la tua scelta con un compagno.**

1

2

3

4

PERIODO	IMMAGINE
a. la prima infanzia	
b. il periodo della scuola elementare	
c. il periodo della scuola media	
d. il primo anno di scuola superiore	

2 ▸ **Indica a quale periodo della sua vita si riferiscono le frasi pronunciate da Lorenzo, come nell'esempio.**

1. Mi confondevo come una sardina in un banco di sardine. Mi mimetizzavo come un insetto stecco tra i rami secchi. E ho imparato a controllare la rabbia.
2. Avrei fatto finta di essere un bambino normale con i problemi. Non ci voleva molto a fregarlo. Io sapevo esattamente come gli altri pensavano, cosa gli piaceva e cosa desideravano.
3. Se gli altri non mi lasciavano in pace, se mi stavano troppo addosso, un fluido rosso mi saliva per le gambe, mi inondava lo stomaco e mi si irradiava fino alla punta delle mani, allora chiudevo i pugni e reagivo.
4. Se un estraneo mi rivolgeva la parola rispondevo sì, no, non so. E se insisteva rispondevo quello che voleva sentirsi dire.
5. Ma io preferivo giocare da solo. Chiudevo la porta e immaginavo che la mia stanza fosse un cubo che vagava nello spazio desolato.
6. Piano piano ho capito come comportarmi a scuola. Mi dovevo tenere in disparte, ma non troppo, sennò mi notavano.
7. Il calcio era un gioco cretino, tutti a rincorrere una palla, ma era quello che piaceva agli altri. Se imparavo quel gioco era fatta. Avrei avuto degli amici.
8. Dicevo di andare dagli amici ma in realtà mi nascondevo da nonna Laura.
9. Mi ricordo che i miei compagni mi abbracciavano ed era bello perché credevano che ero uno di loro.

LA PRIMA INFANZIA	IL PERIODO DELLA SCUOLA ELEMENTARE	IL PERIODO DELLA SCUOLA MEDIA
frasi 4 / ___	frasi 1 / ___ / ___ / ___	frasi 7 / ___ / ___

➨ L'arrivo alla scuola superiore è per Lorenzo un vero e proprio trauma, finché un giorno vede in televisione un documentario sugli insetti imitatori.

3 ▸ **Leggi il testo del documentario sulle api, confrontalo con la sintesi che Lorenzo ne dà e chiarisci gli elementi elencati.**

a. se Lorenzo ha compreso correttamente il contenuto del documentario

b. quali differenze emergono fra il testo del documentario e la versione fornita da Lorenzo

c. quale insegnamento ha tratto Lorenzo dalla visione del documentario

SYRPHIDAE

Molti credono che questi insetti a righe gialle e nere siano vespe o api e per questo le evitano per paura del loro pungiglione velenoso. In realtà i Syrphidae, la cui forma del corpo è simile a quella di una comune mosca domestica, sono innocui, sprovvisti di alcuna arma di offesa o difesa, la colorazione giallo / nera che imita quella di molti imenotteri aculeati, ha il solo scopo di ingannare i predatori. Questo tipo di mimetismo si chiama *batesiano* e consiste nel fatto che un essere ne imita un altro molto più pericoloso allo scopo di allontanare da esso i predatori. In questo modo questi insetti riescono a non essere mangiati dagli uccelli, che evitano di cacciare le vespe per via del pungiglione. I ditteri sirfidi sono tra gli insetti più comuni sui fiori. Tra loro troviamo specie dalle forme molto diverse: qualcuna è sottile e delicata, altre hanno il corpo tozzo e largo. Veri acrobati, i sirfidi possono restare fermi in aria o volare all'indietro. Gli adulti visitano i fiori e si nutrono di nettare e polline e sono utilissimi per la loro funzione di impollinatori.

tratto da *http://www.lucianabartolini.net/pagina_ditteri_sirfidi.htm*

- Effettivamente il successivo comportamento del protagonista dimostra che ha tratto una lezione dal documentario.

4 ▸ **Leggi i passi tratti dal capitolo 2. Segna con una *X* se sono riferiti al periodo precedente o a quello successivo alla visione del documentario. Aiutati con il libro.**

		PERIODO PRECEDENTE	PERIODO SUCCESSIVO
1.	Durante le lezioni me ne stavo al banco facendo finta di ascoltare, ma in realtà pensavo alle cose mie, mi inventavo storie di fantascienza. Andavo pure a ginnastica, ridevo alle battute degli altri, facevo scherzi idioti alle ragazze. Un paio di volte ho anche risposto male ai professori. E ho consegnato il compito in classe in bianco. La mosca era riuscita a fregare tutti, perfettamente integrata nella società delle vespe. Credevano che fossi uno di loro. Uno giusto.	☐	☐
2.	Quello era l'inferno in terra. C'erano centinaia di ragazzi. Alcuni erano molto più grandi di me. Pure con la barba. Le ragazze con le tette. Tutti sui motorini, con gli skate.	☐	☐
3.	Mi sono messo le stesse cose che si mettevano gli altri. Le scarpe da ginnastica Adidas, i jeans con i buchi, la felpa nera con il cappuccio. Mi sono tolto la riga e mi sono fatto crescere i capelli. Volevo anche l'orecchino ma mia madre me lo ha proibito. In cambio, per Natale, mi hanno regalato il motorino. Quello più comune. Camminavo come loro. A gambe larghe. Buttavo lo zaino a terra e lo prendevo a calci. Li imitavo con discrezione. Da imitazione a caricatura è un attimo.	☐	☐
4.	Imploravo i miei genitori di farmi cambiare scuola, una per disadattati o sordomuti sarebbe stata perfetta. Trovavo ogni scusa per rimanere a casa. Non studiavo più. In classe passavo il tempo a contare i minuti che mi restavano per uscire da quel carcere.	☐	☐
5.	Tutto è filato più o meno dritto fino a quando, una mattina, ho desiderato per un istante di non essere più una mosca travestita da vespa, ma una vespa vera.	☐	☐
6.	Ma più inscenavo questa farsa più mi sentivo diverso. Il solco che mi divideva dagli altri si faceva più profondo. Da solo ero felice, con gli altri dovevo recitare.	☐	☐
7.	L'ansia mi toglieva il respiro.	☐	☐
8.	Ma ho scoperto che la tecnica mimetica in quel pianeta ostile non funzionava. I predatori in quella scuola erano molto più evoluti e aggressivi e si muovevano in branco. Qualsiasi stasi, qualsiasi comportamento anomalo, era immediatamente notato e punito.	☐	☐

5 ▸ **Rileggi le frasi dell'attività 4 che si riferiscono al periodo successivo alla visione del documentario e <u>sottolinea</u> con colori diversi i cambiamenti avvenuti in Lorenzo rispetto agli elementi elencati.**

a. — aspetto fisico

b. — abbigliamento

c. — comportamento in classe e nei confronti degli altri

6 ▸ **In coppia. Immaginate che il professor Masburger abbia continuato, negli anni, a seguire Lorenzo. Dovete ora preparare una relazione sul suo paziente per un congresso medico sul disagio esistenziale degli adolescenti. Completate gli appunti.**

Seguo il paziente Lorenzo Cuni da quando aveva sei anni. I suoi genitori lo hanno portato da me perché ______________________________ ______________________________.
Le maestre lo descrivevano ______________________________.
Fin da piccolo Lorenzo ______________________________
e così anche a scuola ______________________________.
All'inizio della terapia Lorenzo ______________________________.
Quando ha iniziato le scuole medie le cose sembravano migliorare: ______________________________
ma in realtà Lorenzo ______________________________.
Infine è arrivato il momento di cominciare le scuole superiori. Su suggerimento del padre, Lorenzo si è iscritto al liceo classico, dove ______________________________ ______________________________ ______________________________.
All'improvviso si è notato un altro cambiamento nel ragazzo che ha cominciato a ______________________________ ______________________________.
A quanto pare alcuni giorni fa dei compagni di classe lo hanno invitato a trascorrere una settimana bianca insieme a loro, a Cortina.
______________________________.
Secondo il mio parere ______________________________ ______________________________.

7 ▸ **Assumi il ruolo del medico. Trova un modo appropriato per iniziare e per concludere la relazione e poi esponila alla classe.**

per iniziare

Buongiorno...
Il mio nome è... / Sono uno...
Oggi sono qui... per parlarvi di...

per concludere

Grazie per la Vostra attenzione.
Se ci sono ulteriori domande sono a Vostra disposizione.
Se c'è bisogno di ulteriori chiarimenti da parte mia...
Spero che la mia spiegazione sia stata esauriente.

UNITÀ 1. IN CANTINA

PERCORSO C Olivia

IN QUESTO PERCORSO
IMPARI A
- ricostruire e drammatizzare dialoghi anche telefonici
- comprendere analiticamente un testo
- scrivere una lettera di risposta
- scrivere una pagina di diario

Nei capitoli 3 e 4 Lorenzo racconta altri episodi del suo passato che permettono al lettore di capire ancora più a fondo la sua complessa personalità.
L'inizio del capitolo 5 ci riporta invece di nuovo nel febbraio del 2000, nella cantina del suo palazzo.

1 **Prima di iniziare la lettura del capitolo 5 svolgi le attività con un compagno. Ricaverai una breve sintesi di due sequenze del capitolo.**

a. **Completa il testo con le parole date in disordine.**

oggetti | precedente | squilla | le nove
madre | sorellastra | display | sconosciuto

La mattina dopo Lorenzo si sveglia verso 1. ________ e inizia a esplorare la cantina piena di 2. ________ appartenuti alla 3. ________ proprietaria del loro appartamento, quando improvvisamente 4. ________ il cellulare. Lui pensa che sia sua 5. ________ ma sul 6. ________ appare un numero 7. ________ e perciò decide di rispondere: al telefono c'è Olivia, la sua 8. ________.

b. **Ricostruisci il dialogo telefonico tra Lorenzo e Olivia. Riordina le battute di Olivia, poi confronta con un compagno.**

LORENZO
1. Pronto?
2. Sì. Ciao...
3. Bene, grazie, e tu?
4. Non lo so... Sono in settimana bianca.
5. Sì.
6. Papà a quest'ora è al lavoro. E mamma alle volte va in palestra o alla galleria. Dipende.
7. C'è Nihal.
8. Il cameriere.
9. Dimmi.
10. Va bene.
11. Te lo prometto.
12. Un po'.
13. Va bene. Ciao.

OLIVIA
a. Pronto Lorenzo. Sono Olivia.
b. Come stai?
c. Dimmi una cosa, Lorenzo. Ma di solito, a quest'ora, tuo padre e tua madre sono in casa?
d. Ho capito. E se non ci sono loro, c'è qualcuno?
e. Bene. Scusami se ti disturbo. Mi ha dato il tuo numero zia Roberta. Senti, ti volevo chiedere una cosa... Sai se tua madre e papà sono a casa
f. Allora ti saluto. E mi raccomando, acqua in bocca.
g. Ah... Be' ti starai divertendo.
h. Chi è Nihal?
i. Bravo. Divertiti a sciare. C'è neve?
l. Ah. Bene. Senti, mi fai un favore?
m. Non dire a nessuno che ti ho chiamato.
n. Promettimelo.

1	2	3	4	5	6	7	8	9	10	11	12
a	____	____	____	____	____	____	____	____	____	____	____

2 ▸ **Leggi le pagine iniziali del capitolo per verificare se hai svolto correttamente l'attività 1.**

➨ Qualche ora dopo Lorenzo, che si era appisolato, si sveglia di soprassalto perché qualcuno sta forzando la serratura della porta della cantina: si tratta di Olivia, che questa volta si presenta di persona.

3 ▸ **Leggi l'episodio e chiarisci gli elementi indicati.**

- per quale motivo Olivia è andata in cantina
- che cosa cercava
- se ha trovato ciò che cercava
- di che umore era

4 ▸ **Rileggi le due descrizioni che Lorenzo fa di Olivia e completa le frasi.**

a. Il giorno di Pasqua del 1998 Olivia era ______________________________

____

b. Quel giorno di febbraio nella cantina Olivia è ______________________________

____

5 ▸ **In soli due anni Olivia è parecchio cambiata. Confrontati con un compagno sul possibile motivo di questo cambiamento.**

6 ▸ **Dopo che Olivia se ne è andata, Lorenzo ha cominciato a frugare nello scatolone. Segna con una *X* gli oggetti che vi ha effettivamente trovato.**

☐ **1.** dei vecchi vestiti
☐ **2.** un libro di Kafka
☐ **3.** un Buddha di legno
☐ **4.** delle vecchie fotografie di Olivia
☐ **5.** dei biglietti di auguri di compleanno
☐ **6.** un vecchio computer portatile
☐ **7.** una vecchia lettera di Olivia
☐ **8.** degli articoli di giornale
☐ **9.** un cellulare inutilizzabile
☐ **10.** un'immagine di sua madre
☐ **11.** una macchina fotografica
☐ **12.** del denaro
☐ **13.** dei fogli con liste di cose
☐ **14.** dei quaderni delle superiori
☐ **15.** delle scarpe

7 ▸ **Immagina di riempire uno scatolone con i ricordi dei tuoi primi tre anni di scuola superiore. Poi confronta con un compagno.**

8 ▸ **Fra gli effetti personali di Olivia Lorenzo ha trovato anche una lettera che la ragazza anni prima aveva scritto al loro padre. Completa la lettera con le espressioni elencate in disordine.**

mi tiri fuori dai casini | quando mi arrivano i tuoi soldi | sono i sensi di colpa o l'amore
se ti avessi cercato di più, | non ho colpa per questo. | per ringraziarti dei soldi.
basta, non voglio più che mi aiuti. | sono la prova vivente | mi lascia fare | il capitolo su di te lo intitolerei

Caro papà,
ti scrivo 1. ______________________. Ogni volta che
2. ______________________ usando le tue finanze mi domando: e se al mondo non esistesse il denaro, come farebbe mio padre ad aiutarmi? E poi mi domando se 3. ______________________ che provi per me che ti spinge a farlo. Sai che ti dico? Non lo voglio sapere. Sono stata fortunata ad avere un padre come te che 4. ______________________ le mie esperienze e quando sbaglio, praticamente sempre, mi aiuta.
Ora però 5. ______________________.
Io non ti sono mai piaciuta, ti sto antipatica, quando stai con me sei sempre troppo serio. Forse perché 6. ______________________ di una storia tutta sbagliata e ogni volta che mi pensi ti ritorna in mente la stronzata che hai fatto a sposarti con mia madre. Io però 7. ______________________.
Di questo ne sono certa. Di tutto il resto no.
Chissà 8. ______________________, se avessi cercato di rompere il muro che ci divideva, forse sarebbe stato diverso. Ho pensato che se dovessi scrivere un libro che racconta la mia vita, 9. ______________________
Diario di un odio.
Comunque devo imparare a non odiarti.
Devo imparare a non odiarti 10. ______________________
e quando mi telefoni per chiedermi come va. Ti ho odiato troppo, senza risparmiarmi. Sono stanca di farlo. Quindi ti ringrazio ancora, ma d'ora in poi anche se ti viene l'istinto di aiutarmi, reprimilo. Tu sei il maestro della repressione e del silenzio.

Tua figlia
Olivia

9 ▸ **Immagina che nello scatolone Lorenzo trovi anche la lettera di risposta del papà. Scrivi tu la sua lettera (120-150 parole).**

____
____
____
____
____
____
____
____
____
____
____

➨ Così inizia l'ultima parte del capitolo.

Potevano essere le tre di notte e io galleggiavo, con le cuffie in testa, nel buio, giocando a Soul Reaver, quando ho avuto l'impressione che ci fosse un rumore nella cantina. Mi sono tolto le cuffie e ho girato lentamente lo sguardo. Qualcuno bussava contro la finestra.

➨ Chi parla è Lorenzo e questa lunga giornata non è ancora finita perché Olivia è tornata a bussare.

10 ▸ **Leggi la parte finale del capitolo. Segna con una *X* se le affermazioni sono vere (V) o false (F) e correggi quelle che ritieni false. Poi confronta con un compagno.**

		V	F
1.	Lorenzo non ha sentito Olivia bussare perché ascoltava musica. ____________________		
2.	Olivia pensa che sia arrivato il momento di imparare a conoscersi e vuole passare la notte in cantina con lui. ____________________		
3.	Lorenzo le propone di passare la notte da lui. ____________________		
4.	Lorenzo le suggerisce di suonare dai suoi genitori e di trascorrere la notte da loro. ____________________		
5.	Secondo Lorenzo nella cantina non c'è posto per due persone. ____________________		
6.	Per nulla al mondo Olivia andrebbe dai genitori di Lorenzo. ____________________		
7.	Olivia minaccia di raccontare a tutti che lui si è nascosto in cantina. ____________________		
8.	Alla fine Lorenzo la fa entrare perché la sua sorellastra gli fa pena. ____________________		

11 ▸ **In coppia, completate il colloquio fra i due ragazzi con le battute di Olivia.**

Lorenzo: Che p.....! E ora che vuoi?
Olivia: 1. *C..... Bussavo da mezz'ora.*
Lorenzo: Avevo le cuffie. Che c'è?
Olivia: 2. ______
Lorenzo: In che senso?
Olivia: 3. ______
Lorenzo E vuoi dormire qui?
Olivia: 4. ______
Lorenzo: Non esiste.
Olivia: 5. ______
Lorenzo: Perché no. Questa è la mia cantina. Ci sto io qui. È pensata per uno solo. Scusami, è così. Non posso proprio...
Olivia: 6. ______
Lorenzo: Mi dispiace.
Olivia: 7. ______
Lorenzo: Nostro padre,
Olivia: 8. ______
Lorenzo: Mi scombini tutto. Non c'è posto. È pericoloso. Io sono qui in incognito. Non posso aprirti. Vai da qualc altra parte. Anzi, ho un'idea, suona su. Ti faranno dormire nella stanza degli ospiti Starai benissimo...
Olivia: 9. ______
Lorenzo: Per favore... Ti prego... qui è tutto in ordine, ho organizzato le cose benissimo, in maniera perfetta e adesso arrivi tu e fai un casino...
Olivia: 10. ______
Lorenzo: No. Ho giurato che non uscivo.
Olivia: 11. ______
Lorenzo: A me stesso.
Olivia: 12. ______
Lorenzo: Non lo faresti mai...
Olivia: 13. ______
Lorenzo: Zitta! Zitta, ti prego.
Olivia: 14. ______
Lorenzo: Va bene, però domani mattina te ne vai. Me lo prometti?
Olivia: 15. ______
Lorenzo: Arrivo. Vai al portone.
Olivia: 16. *Grazie, fratellino.*

12 ▸ Drammatizza con un compagno il dialogo dell'attività 11. Fate attenzione anche al linguaggio non verbale (tono di voce, gestualità, mimica facciale, ...).

13 ▸ A questo punto Lorenzo non riesce più a prendere sonno. Immagina che decida di raccontare al suo diario questa lunga giornata. Riassumi in una pagina di diario (150-180 parole) i tre momenti della giornata: la telefonata, la prima visita di Olivia, il ritorno di Olivia.

UNITÀ 2. INSIEME IN CANTINA

PERCORSO A La crisi: come uscirne?

IN QUESTO PERCORSO
IMPARI A
- individuare i momenti salienti di un episodio narrato
- individuare le reazioni d un personaggio

All'inizio del capitolo 6, non appena si stabilisce in cantina, Olivia comincia a stare male e Lorenzo non riesce a comprendere immediatamente che cosa le stia succedendo. In realtà la ragazza è vittima di una crisi di astinenza[1] che si manifesta attraverso diverse fasi e viene descritta nei capitoli 6 e 7.

1 **In coppia. Leggi attentamente le pagine finali del capitolo 6. Sintetizza con parole tue ciò che sta succedendo a Olivia e le reazioni di Lorenzo, come nell'esempio. Poi confronta con un compagno.**

FASI	CHE COSA STA SUCCEDENDO A OLIVIA	LE REAZIONI DI LORENZO
1	*Olivia inizia a vomitare subito dopo la telefonata con la madre di Lorenzo, poi....*	*si chiede che malattia abbia Olivia*
2		
3		
4		

[1]crisi di astinenza: è un insieme di disturbi fisici che si presentano quando si riduce o si smette di assumere sostanze (farmaci, ecc.) che provocano dipendenza o assuefazione. È tipica di chi fa uso di droghe.

Nelle pagine conclusive del capitolo 6 Lorenzo mette insieme tutta una serie di indizi e capisce che sua sorella è una tossicodipendente.

2 ▸ **In coppia. Annota gli indizi, come nell'esempio.**

1. *Lorenzo vede le macchie violacee sulle sue braccia.*
2. ______
3. ______
4. ______
5. ______

3 ▸ **Lorenzo ha la conferma definitiva quando fruga nello zaino di Olivia. Elenca gli oggetti che trova.**

1. ______
2. ______
3. ______
4. ______

UNITÀ 2. INSIEME IN CANTINA

PERCORSO B L'ultima sera

Per due giorni mia sorella ha continuato a dormire, svegliandosi solo per fare pipì e bere. Io ho rimesso a posto la cantina, ho ammazzato il mostro e ho finito *Soul Reaver*[1]. Ho attaccato a leggere *Le notti di Salem*[2]. Leggevo di metamorfosi vampiresche, di case stregate, di ragazzini coraggiosi capaci di affrontare i vampiri e lo sguardo mi finiva su mia sorella, che dormiva avvolta nella coperta. Sentivo che nella mia tana era protetta, nascosta, che nessuno poteva farle male.

IN QUESTO PERCORSO

IMPARI A

- individuare gli elementi salienti di un episodio
- riflettere sui cambiame[nti] dei personaggi
- scrivere un biglietto d'addio

Il capitolo 10 inizia in questo modo. Quando Olivia finalmente si sveglia, la settimana bianca di Lorenzo sta giungendo al termine e i due ragazzi hanno solo un'ultima sera da trascorrere insieme.

1 **Leggi il capitolo 10, poi indica solo le immagini che si riferiscono al capitolo letto e confrontati con un compagno.**

1. 

2. 

3. 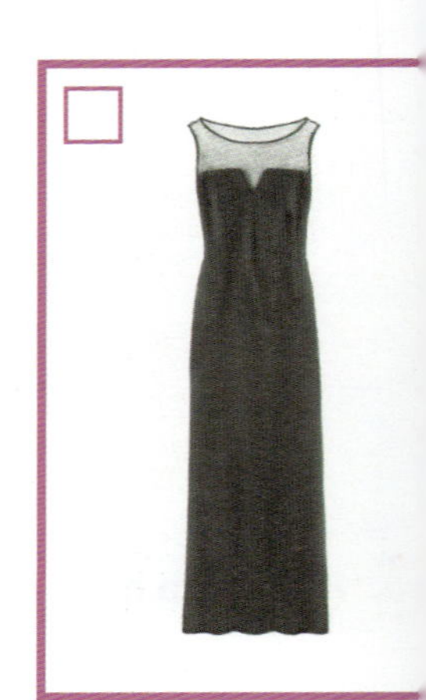

4. 

5. 

6. 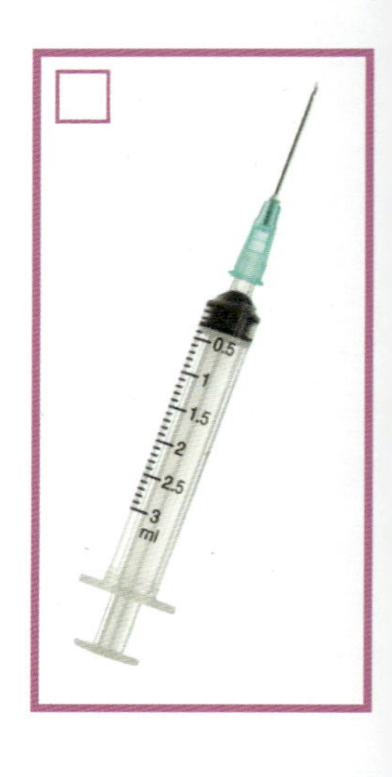

[1] *Soul River*: è il secondo episodio della serie di videogiochi Legacy of Kain, comprendente cinque titoli che hanno per oggetto le vicissitudin[i] del vampiro Kain nella terra di Nosgoth.

[2] *Le notti di Salem*: è il secondo romanzo dell'orrore scritto da Stephen King e pubblicato nel 1975, un anno dopo l'uscita di *Carrie* (1974).

7.

8.

9.

10.

11.

12.

13.

14.

15.

2 ▸ In coppia. Spiega quale momento o che cosa rappresentano le immagini scelte.

Ho scelto l'immagine ___ perché...

3 ▸ **A questo punto la settimana bianca di Lorenzo è giunta al termine. In coppia. Concentratevi sui cambiamenti avvenuti nei due ragazzi nell'arco di tempo trascorso insieme e completate ciascuna affermazione con cinque aggettivi tratti dalla lista sotto.**

1. Prima dell'incontro con Olivia, Lorenzo è ______________________
2. Dopo l'incontro con Olivia, Lorenzo è ______________________
3. Nonostante l'incontro con Olivia, Lorenzo è ______________________
4. Quando entra nella cantina, Olivia è ______________________
5. Quando se ne va dalla cantina, Olivia è ______________________

☐ agitato	☐ cattivo	☐ egoista	☐ insicuro	☐ riflessivo	☐ solare
☐ allegro	☐ chiacchierone	☐ forte	☐ invidioso	☐ romantico	☐ spensierato
☐ altruista	☐ chiuso	☐ freddo	☐ irascibile	☐ scontroso	☐ superficiale
☐ amichevole	☐ curioso	☐ furbo	☐ nervoso	☐ sensibile	☐ testardo
☐ antipatico	☐ debole	☐ geloso	☐ orgoglioso	☐ serio	☐ timido
☐ aperto	☐ difficile	☐ impaziente	☐ ottimista	☐ sicuro di sé	☐ tranquillo
☐ arrogante	☐ diretto	☐ impulsivo	☐ paziente	☐ silenzioso	☐ triste
☐ bugiardo	☐ distratto	☐ indeciso	☐ pensieroso	☐ simpatico	☐ umile
☐ buono	☐ dolce	☐ ingenuo	☐ pessimista	☐ sincero	☐ violento
☐ capriccioso	☐ egocentrico	☐ individualista	☐ prepotente	☐ sognatore	☐ vivace

4 ▸ **Il capitolo 10 si conclude con la frase** *Mi aveva lasciato un biglietto*. **Immagina che cosa ha scritto Olivia prima di lasciare la cantina. Scrivi un testo di 30-40 parole circa.**

____

UNITÀ 3. OLTRE IL LIBRO

PERCORSO A Al cinema

Nel 2012 il regista italiano Bernardo Bertolucci ha realizzato il film *Io e te*, liberamente tratto dall'omonimo libro di Niccolò Ammaniti.
Il film è stato presentato fuori concorso al Festival di Cannes ed è uscito nelle sale cinematografiche italiane il 25 ottobre 2012.
Per confrontare il romanzo con la sua trasposizione cinematografica ci concentreremo sui capitoli 1 e 10.

IN QUESTO PERCORSO
IMPARI A

- confrontare un romanzo con la sua trasposizione cinematografica
- cogliere l'argomento di una canzone
- motivare le proprie scelte
- confrontare i contenuti di due recensioni
- cogliere il punto di vista di chi scrive le recensioni
- scrivere un commento esprimendo il proprio punto di vista

BERNARDO BERTOLUCCI

Bernardo Bertolucci, figlio del poeta Attilio Bertolucci, è un noto regista italiano nato a Parma nel 1946 e artefice di numerosi capolavori che hanno fatto la storia del cinema.

Tra i suoi film più noti va menzionato *L'ultimo tango a Parigi* (1972), che all'epoca suscita grande scandalo e viene addirittura ritirato dalle sale cinematografiche. Negli anni successivi la sua notorietà aumenta sempre più grazie a pellicole come *Novecento* (1976), *L'ultimo imperatore* (1987), per il quale vince ben nove premi Oscar, *Il tè nel deserto* (1990) e *Piccolo Buddha* (1993), solo per citare le più note.

Nel 2012, dopo un'assenza di dieci anni e numerosi riconoscimenti internazionali alla carriera, torna alla macchina da presa con il film *Io e te*.

La prima grande differenza fra il libro e il film è che nel film la settimana bianca viene organizzata dalla scuola e Lorenzo Cuni, che ha già programmato tutto, decide di non consegnare alla professoressa i soldi per la gita, ma li usa per comprare cibo, bevande (rigorosamente sette cose, una per ogni giorno) e un formicaio in vetro che gli farà compagnia durante la settimana. La sequenza che ti viene proposta si apre con la scena di Lorenzo e sua madre in macchina.

1 ▸ **Guarda il video senza audio. Con un compagno formula delle ipotesi su quello che sta succedendo, su dove i personaggi stanno andando e su ciò che stanno dicendo.**

23

2 ▸ **Guarda il video e con un compagno rispondi alle domande. Poi confrontatevi con il resto della classe.**

1. Non appena è sceso dalla macchina, Lorenzo si trova su un ponte e cerca di nascondersi da una serie di persone che gli passano accanto. Secondo te chi sono queste persone?
2. Una volta sceso dal tram, Lorenzo usa un trucco per riuscire a raggiungere la cantina. È lo stesso trucco utilizzato anche nel libro?
3. Hai già letto la descrizione della cantina, poi hai potuto realizzare tu stesso un disegno, ora hai visto l'ambiente scelto dal regista. La cantina del film è come l'avevi immaginata tu?
4. C'è qualcosa in questo ambiente che ti colpisce particolarmente? Tu avresti fatto qualcosa di diverso?
5. Leggendo il libro ti sei sicuramente fatto un'idea di Lorenzo. Ti sembra che l'attore scelto per interpretar questo ruolo sia adatto a interpretarlo e corrisponda alla descrizione che ne ha fatto l'autore del libro? Corrisponde all'immagine che ne avevi tu?
6. Quali aspetti del carattere del protagonista è riuscito a evidenziare il regista?

24

3 ▸ **Guarda come il regista ha reso il contenuto del capitolo 10 sul grande schermo. Quindi riordina gli eventi d film con un compagno.**

a. Lorenzo sogna di ritornare a casa dopo la "settimana bianca".
b. Olivia racconta di essere una fotografa, di aver fatto delle mostre e di aver vinto un premio importante.
c. Quando si sveglia, Olivia è molto affamata, perciò insieme a Lorenzo va a cercare qualcosa da mangiare nell'appartamento dei Cuni.
d. Olivia vuole brindare alla loro ultima sera in cantina, e chiede a Lorenzo di bere un po' anche se a lui la birra non piace.
e. In occasione della serata Olivia indossa uno dei vestiti della contessa Nunziante.
f. Olivia scrive un SMS a un suo amico e gli dà un appuntamento per il giorno seguente.
g. Olivia vorrebbe andare a vivere in campagna con il suo amico, che lascerà Roma per stare solo con lei.
h. Olivia spiega a Lorenzo come ci si sente quando ci si droga e dice che si è indifferenti a tutto.
i. Lorenzo e Olivia ballano insieme sulle note di una canzone di David Bowie dal titolo *Ragazzo solo, ragazza sola.*
l. Lorenzo scopre che Olivia un'estate ha quasi ucciso la signora Cuni tirandole una pietra in testa, ed è per questo che ora non si presenta più a casa del padre.
m. Lorenzo e Olivia si fanno una promessa: lei giura di non drogarsi più e lui di diventare grande, di non nascondersi più dagli altri e di cominciare a vivere veramente.
n. Mentre Lorenzo dorme, Olivia chiama uno spacciatore e si fa portare una dose.
o. La mattina dopo Lorenzo e Olivia escono insieme dalla cantina.

1	2	3	4	5	6	7	8	9	10	11	12	13
a	___	___	___	___	___	___	___	___	___	___	___	m

4 ▸ **In coppia. Segnate con una *X*, se le frasi si riferescono al capitolo 10 del libro (L) o al film (F).**

	L	F
1. Lorenzo sogna di ritornare a casa dopo la "settimana bianca".		
2. La madre di Lorenzo lo chiama per l'ultima volta.		
3. Lorenzo racconta alla madre di aver incontrato la sorellastra Olivia.		
4. Per la loro ultima sera assieme Lorenzo propone a Olivia una cenetta a base di tonno, carciofini sott'olio e wafer.		
5. Quando si sveglia, Olivia è molto affamata, perciò insieme a Lorenzo va a cercare qualcosa da mangiare nell'appartamento dei Cuni.		
6. I fratelli apparecchiano la tavola e accendono una candela, poi finiscono tutto il cibo che Lorenzo ha portato in cantina per la sua "settimana bianca".		
7. Olivia vuole brindare alla loro ultima sera in cantina e chiede a Lorenzo di bere un po' anche se a lui la birra non piace.		
8. Olivia racconta a Lorenzo di quando il padre lo ha buttato in mare senza braccioli affinché imparasse a nuotare.		
9. Olivia racconta di essere una fotografa, di aver fatto delle mostre e di aver vinto un premio importante.		
10. Olivia e Lorenzo ricordano i momenti che da bambini hanno trascorso assieme, come le estati a Capri.		
11. In occasione della serata Olivia indossa uno dei vestiti della contessa Nunziante.		
12. Olivia scrive un SMS ad un suo amico e gli dà un appuntamento per il giorno seguente.		
13. Lorenzo dice a Olivia che la cosa che odia di più al mondo sono le feste a sorpresa, lei invece odia i matrimoni.		
14. Olivia vorrebbe andare a vivere in campagna con il suo amico, che lascerà Roma per stare solo con lei.		
15. Olivia spiega a Lorenzo come ci si sente quando ci si droga e dice che si è indifferenti a tutto.		
16. Lorenzo e Olivia ballano assieme sulle note di una canzone di Marcella Bella.		
17. Lorenzo e Olivia ballano insieme sulle note di una canzone di David Bowie dal titolo *Ragazzo solo, ragazza sola.*		
18. Lorenzo scopre che Olivia un'estate ha quasi ucciso la signora Cuni tirandole una pietra in testa, ed è per questo che ora non si presenta più a casa del padre.		
19. Olivia vorrebbe raggiungere il suo fidanzato a Bali, dove l'uomo insegna yoga e fa massaggi.		
20. L'amicizia con Olivia fa sentire Lorenzo più sicuro, si sente più grande e avrebbe voglia di parlare ancora con lei.		
21. Lorenzo e Olivia si fanno una promessa: lei giura di non drogarsi più e lui di diventare grande, di non nascondersi più dagli altri e di cominciare a vivere veramente.		
22. Lorenzo racconta ad Olivia perché è finito per una settimana in cantina: aveva detto la bugia alla madre perché in realtà avrebbe voluto andare a Cortina con i compagni di classe. Lui non ha amici e vorrebbe essere come gli altri.		
23. Mentre Lorenzo dorme, Olivia chiama uno spacciatore e si fa portare una dose.		
24. Lorenzo e Olivia si fanno una promessa: lei giura che non si drogherà mai più e lui le promette che si rivedranno.		
25. Olivia se ne va prima che Lorenzo si svegli, lasciandogli un biglietto.		

5 ▸ **Nel libro i due ragazzi ballano sulle note della canzone *Montagne verdi* di Marcella Bella, mentre nel film ballano su quelle di *Ragazzo solo, ragazza sola*, cantata da David Bowie. Confronta i testi delle due canzoni e indica quello secondo te più adatto per rappresentare il momento che i due ragazzi stanno vivendo. Poi confrontati con un compagno che ha scelto l'altro testo e insieme motivate le vostre scelte.**

MONTAGNE VERDI

Mi ricordo montagne verdi, e le corse
di una bambina,
con l'amico mio più sincero, un coniglio
dal muso nero,
poi un giorno mi prese il treno, l'erba, il
prato e quello che era mio,
scomparivano piano, piano e piangendo parlai
con Dio.

Quante volte ho cercato il sole, quante volte ho
mangiato sale,
la città aveva mille sguardi io sognavo
montagne verdi.
Il mio destino è di stare accanto a te,
con te vicino più paura non avrò
e un po' bambina tornerò.

Mi ricordo montagne verdi quella sera negli
occhi tuoi,
quando hai detto: "Si è fatto tardi, ti
accompagno se tu lo vuoi".
nella nebbia le tue parole, la tua storia e la mia
storia,
poi nel buio senza parlare ho dormito con te sul
cuore.

Io ti amo mio grande amore, io ti amo mio primo
amore,
quante volte ho cercato il sole, quante volte ho
cercato il sole

Il mio destino è di stare accanto a te, con te
vicino più paura non avrò
e un po' più donna io sarò
montagne verdi nei tuoi occhi rivedrò

David Bowie: nato a Londra nel 1947 e morto a New York nel 2016, è un cantautore, attore e compositore britannico.
La canzone è una versione in italiano del suo singolo *Space Oddity*, realizzata per promuovere l'uscita in Italia del suo album nel novembre del 1969.

RAGAZZO SOLO, RAGAZZA SOLA

La mia mente ha preso il volo
Un pensiero uno solo
Io cammino mentre dorme la città

I suoi occhi nella notte
Fanali bianchi nella notte
Una voce che mi parla chi sarà?

Dimmi ragazzo solo dove vai,
Perché tanto dolore?
Hai perduto senza dubbio un grande amore
Ma di amore è tutta piena la citta,

No ragazza sola, no no no
Stavolta sei in errore
Non ho perso solamente un grande amore
Ieri sera ho perso tutto con lei.

Ma lei
I colori della vita
Dei cieli blu
Una come lei non la troverò mai più

Ora ragazzo solo dove andrai
La notte è un grande mare
Se ti serve la mia mano per nuotare
Grazie ma stasera io vorrei morire
Perché sai negli occhi miei
C'è un angelo, un angelo
Che ormai non vola più che ormai non vola più
Che ormai non vola più
C'è lei
I colori della vita
Dei cieli blu
Una come lei non la troverò mai più

6 ▸ **Leggi il riassunto del capitolo 10 del libro, scritto da uno studente poco attento, che ha confuso il libro co[n il] film. ~~Cancella~~ le parti che si riferiscono al film, come nell'esempio.**

RIASSUNTO DELL'EPISODIO "L'ULTIMA SERA"

Dopo una lunga dormita Olivia finalmente si sveglia. È molto affamata, e ~~quando vede le chiavi di casa Cuni decide di andare a cercare qualcosa da mangiare là~~. Lorenzo la rincorre preoccupato che i suoi genitori li scoprano, poi prende dal frigo del cibo e delle birre, e con Olivia fa ritorno in cantina. I due fratelli cenano assieme e brindano alla loro avventura con della birra, anche se a Lorenzo non piace.

Questa è l'occasione giusta per parlare un po' e Olivia si apre, raccontando di lei e della sua vita. Prima di iniziare a drogarsi faceva fotografie, era molto brava ed è stata anche a Los Angeles, dopo aver vinto un premio molto importante. Ora spera di poter iniziare una nuova vita, con un ragazzo che ha conosciuto qualche tempo prima, ma che l'ha lasciata perché lei si drogava. Il giorno dopo lo incontrerà e assieme a lui vorrebbe andare a lavorare in un agriturismo nella campagna maremmana.

Per concludere la loro serata i due fratelli ballano assieme, sulle note di una canzone di David Bowie. Finalmente Lorenzo capisce anche perché non vedeva Olivia da così tanto tempo: un'estate di molti anni prima la ragazza ha tirato una pietra alla signora Cuni, rischiando di ucciderla. Prima di addormentarsi i fratelli si scambiano una promessa: Olivia giura a Lorenzo di non drogarsi più, lui si impegna a diventare grande, a smetterla di nascondersi dagli altri e a cominciare finalmente a vivere, anche rischiando di farsi male. Durante la notte Olivia si sveglia e non resiste alla tentazione di chiamare uno spacciatore. Si fa portare una dose di droga, ma poi si pente della sua azione e decide di non usarla.

Il film si conclude con i due fratelli che escono dalla cantina e si lasciano, immaginando quanto sarebbe divertente ripetere un giorno quell'esperienza.

7 ▸ **Completa il testo con le modifiche necessarie.**

Dopo una lunga dormita Olivia finalmente si sveglia.
1. ____________________
I due fratelli cenano assieme e brindano alla loro avventura con della birra, anche se a Lorenzo non piace. Questa è l'occasione giusta per parlare un po' e Olivia
2. ____________________
Per concludere la loro serata i due fratelli ballano assieme, sulle note di una canzone di
3. ____________________
Durante la notte Olivia 4. ____________________
____

8 ▸ **Hai già visto la sequenza finale del film, ma nel libro c'è ancora un'ultima pagina che si apre così:**

Cividale del Friuli
12 gennaio 2010

Sono trascorsi dieci anni. Con un compagno formula delle ipotesi sul finale del libro.

9 ▸ **Verifica le tue ipotesi. Ascolta la lettura della pagina finale del romanzo e completa la tabella.**

CHI?	CHE COSA?	DOVE?	QUANDO?	PERCHÉ?
______	______	______	______	______
______	______	______	______	______

10 ▸ **In coppia o piccolo gruppo discutete dei punti elencati.**

- se avreste preferito un finale diverso per il libro
- sull'effetto che il finale del libro ha avuto su di voi
- se preferite il finale del libro o quello del film e per quale motivo
- se l'utilizzo del *flashback* è stato una strategia efficace
- sul perché il regista ha scelto di non utilizzare la strategia del *flashback* e di distanziarsi così dal libro

flashback o analessi: vedi la definizione a pagina 136.

11 ▸ **Leggi le recensioni di due critici letterari pubblicate qualche tempo fa sulla pagina della cultura del quotidiano *Corriere della Sera* e attribuisci a ciascun testo il suo titolo.**

a. La forza del regista: darci una speranza.

b. La giusta misura (tristezza compresa).

Il club de La Lettura

Cerca

Home | Opinioni | Economia | Cultura | Spettacoli | Cinema | Sport | Salute | Tecnologia | Scienze | Motori | Viaggi

titolo1: ____________________

Niccolò Ammaniti ha trovato la misura giusta. Un centinaio di pagine, proporzionate alla storia da raccontare. Bernardo Bertolucci ha scelto un racconto troppo breve per diventare un film. Lo scrittore avanza senza lungaggini né compiacimenti. Il regista prende i personaggi, se ne innamora oltre il necessario, e li sovraccarica di messaggi. Più fedele alla sua idea di cinema, che all'originale.

Sulla pagina, *Io e te* era una bella storia, che colpiva per la sua semplicità. Sullo schermo, le autocitazioni, l'insistita ricercatezza delle immagini, la passione cinefila confondono e sviano. Il finale di speranza (cambiato con il consenso dello scrittore) toglie la tristezza, però smonta la cornice del racconto. Per il ballo finale, Niccolò Ammaniti sceglie *Montagne verdi* di Marcella Bella. Bernardo Bertolucci preferisce *Space Oddity* di David Bowie, che cantata in italiano dalla rockstar fa *Ragazzo solo, ragazza sola*.

Di grande effetto, anche nostalgico, infatti la scena viene citata in tutte le recensioni. Ma è come se alla fine del film il regista ci rincorresse per spiegarci la morale della favola.

Mariarosa Mancuso

titolo 2: ____________________

Io e te di Niccolò Ammaniti è un racconto perfetto funziona come il meccanismo di un orologio di precisione. *Io e te* di Bernardo Bertolucci è un film orgogliosamente imperfetto, mostra tutte le pause e le accelerazioni improvvise del tempo incerto dell'adolescenza. Il finale del racconto di Ammaniti fa rimbombare nella mente una verità terribile: di droga, e di solitudine, si muore. Il finale del film di Bertolucci non è meno autentico, però esprime una verità bellissima: a volte, un fratello può salvarci la vita.

Io e te di Ammaniti ha venduto oltre 650 mila copie, è stato per mesi in testa alle classifiche, ed è un libro che i prof dovrebbero far leggere a scuola. *Io e te* di Bertolucci è un film per cui varrebbe la pena di saltarla, la scuola, perché non è vero che in classe si impara tutto, e non è affatto vero che i libri sono sempre meglio dei film. Anzi confrontando *Io e te*, è il film che vale di più, perché oggi è più prezioso lasciare una speranza.

Chissà se Lorenzo ha salvato davvero Olivia; di sicuro lei ha salvato lui. Questo mostra il volto straordinario del ragazzo nell'ultima inquadratura. Non ride, Lorenzo, ma sa che per la prima volta è felice.

Paolo Beltramin

adattato da *http://lettura.corriere.it/io-e-t*

12 ▸ **Rileggi le due recensioni e scegli la risposta corretta.**

1. Il romanzo di Ammaniti
   - [ ] **a.** ha una lunghezza perfetta per la storia che racconta.
   - [ ] **b.** ha la giusta misura della copertina.
   - [ ] **c.** è poco proporzionato rispetto alla storia.

2. Il diverso finale del film
   - [ ] **a.** toglie la tristezza e migliora il libro.
   - [ ] **b.** non è piaciuto all'autore.
   - [ ] **c.** è meno triste, ma stravolge la struttura del libro.

3. La canzone di David Bowie
   - [ ] **a.** è stata molto apprezzata dal pubblico.
   - [ ] **b.** è stata molto apprezzata dai critici.
   - [ ] **c.** dà alla storia un contorno di favola.

4. Il romanzo di Ammaniti
   - [ ] **a.** è orgogliosamente imperfetto.
   - [ ] **b.** è un romanzo da leggere a scuola.
   - [ ] **c.** è un romanzo da leggere tutto d'un fiato.

5. Il film è più bello del libro perché
   - [ ] **a.** nell'ultima scena si capisce che Lorenzo è felice.
   - [ ] **b.** i due fratelli si salvano a vicenda.
   - [ ] **c.** perché lascia allo spettatore un prezioso filo di speranza.

13 ▸ **Sottolinea in ogni recensione nell'attività 11 le espressioni o le frasi che veicolano il punto di vista del recensore e sintetizza gli argomenti usati da ognuno. Poi confronta con un compagno.**

14 ▸ **E tu da che parte stai? Scrivi un commento di 50-60 parole da pubblicare sulla pagina della cultura del giornalino della tua scuola. In classe confrontate i vostri commenti.**

per comunicare

Personalmente preferisco...
Sto dalla parte del film...
Sto dalla parte del romanzo...
Mi è piaciuto di più... perché...

COMMENTI

UNITÀ 3 . OLTRE IL LIBRO

PERCORSO B In rete

IN QUESTO PERCORSO
IMPARI A
- cercare in internet informazioni sulle opere di uno scrittore
- scrivere una biografia

NICCOLÒ AMMANITI

libri | cinema | biografia | news | contatti

1 ▸ **Vai sul sito ufficiale di Niccolò Ammaniti: www.niccoloammaniti.it e clicca sulla sezione libri. Trova il titolo del libro in cui:**

a. viene organizzata una festa che dovrà essere ricordata come il più grande evento mondano nella storia della nostra Repubblica.

____

____

b. i protagonisti sono un padre e un figlio adolescente che vivono soli perché la madre se ne è andata.

____

____

c. un ragazzo che fabbrica acquari un giorno si trasferisce da Roma in India per costruire un acquario per una misteriosa signora.

____

____

d. in Puglia, in un'estate caldissima, un bambino scopre un terribile segreto.

____

____

e. un paesino di mare fa da sfondo a due storie d'amore tormentate.

____

____

f. sono raccolti tutti i racconti che lo scrittore ha scritto negli ultimi vent'anni.

____

____

2 ▸ **Dopo aver navigato nella sezione libri, quale idea ti sei fatto dell'autore?**

☐ **a.** C'è una tipologia di personaggio che Ammaniti preferisce.
☐ **b.** Ci sono dei temi che gli interessano maggiormente.
☐ **c.** L'autore preferisce ambientare i suoi libri nelle grandi metropoli.
☐ **d.** L'autore preferisce ambientare i suoi racconti nei paesi di campagna.
☐ altro: ______________________________

3 ▸ **Utilizza i dati della scheda informativa, le informazioni raccolte nell'attività 1 ed eventualmente altre informazioni tratte dal sito di Ammaniti per scrivere la sua biografia (circa 200 parole).**

Dati personali

Niccolò Ammaniti nasce a Roma il 25 settembre 1966.
Attualmente vive in Toscana.
È sposato con un'attrice.
È un grande appassionato di videogiochi.

Pubblicazioni

1994 ▸ pubblica il suo primo romanzo intitolato *Branchie*
1995 ▸ insieme al padre ha pubblicato *Nel nome del figlio, un saggio sui problemi dell'adolescenza.*
1996 ▸ raccolta di racconti *Fango*
1999 ▸ romanzo *Ti prendo e ti porto via*
2001 ▸ *Io non ho paura*, romanzo per il quale vince il Premio Viareggio.
2006 ▸ *Come Dio comanda*, romanzo per il quale vince il premio Strega.
2009 ▸ *Che la festa cominci*
2010 ▸ Io e te
2012 ▸ raccolta di racconti *Il momento è delicato*
2015 ▸ *Anna*

Dai suoi libri sono stati tratti al momento cinque film.
I suoi libri sono stati tradotti in 44 Paesi.

M3 # PER CONCLUDERE...

UN FOTOROMANZO

OBIETTIVO

Realizzare un fotoromanzo tratto dal libro *Io e te*.

IL FOTOROMANZO

Il fotoromanzo - un genere tipicamente italiano che aveva grande successo di pubblico soprattutto negli anni Sessanta e Settanta - è un tipo di racconto realizzato attraverso una serie di fotografie scattate su un set simile a quello cinematografico e interpretate da attori. I fotoromanzi raccontano storie d'amore; generalmente l'amore tra i due protagonisti è difficile e ostacolato dall'antagonista della storia che interpreta il cattivo. Fortunatamente nella maggior parte dei casi l'amore trionfa. Queste storie d'amore interpretate da 8-10 personaggi che ruotano appunto intorno ai due protagonisti avevano una lunghezza di 35-40 pagine circa, con diverse fotografie per pagina, in bianco e nero oppure, dalla fine degli anni Settanta in poi, anche a colori.

Le singole fotografie sono corredate di brevi didascalie, 1-2 frasi al massimo, poste generalmente in alto oppure a lato della fotografia. Il loro compito è quello di dare indicazioni spazio-temporali (per esempio *qualche tempo dopo, il giorno dopo*) oppure di completare il quadro della situazione per far comprendere meglio gli eventi e i personaggi (per esempio spiegano quello che è successo nel frattempo o descrivono l'atteggiamento dei personaggi). Sulle singole foto compaiono anche le battute di dialogo che devono essere brevi e incisive. Si differenziano graficamente le battute che riportano le parole e quelle che riportano i pensieri dei personaggi. Cercate online alcuni esempi di pagine di fotoromanzo.

PROCEDURA

Dividete la classe in gruppi di 8-9 persone. Ogni gruppo dovrà realizzare il suo fotoromanzo, dando un'interpretazione personale alla vicenda, scegliendo i momenti della vicenda da rappresentare, le fotografie da scattare, gli attori e come raccontare la storia.

Prima di cominciare definite il progetto in plenaria: decidete quante pagine dovrà avere il vostro lavoro e con quante immagini rappresentare la storia (al massimo 30).

A lavoro ultimato ogni gruppo presenterà il proprio lavoro alla classe.

All'interno dei gruppi:

a. selezionate i momenti della vicenda che dovranno essere rappresentati da immagini
b. fate uno schema delle immagini da inserire nel fotoromanzo
c. organizzate la strumentazione, gli oggetti e i luoghi necessari alla realizzazione del servizio fotografico
d. individuate gli attori
e. scattate le foto, scaricatele sul computer, fate le modifiche necessarie e impaginatele
f. preparate i testi per le didascalie e per le battute de personaggi
g. digitalizzate i testi e completate l'impaginazione de fotoromanzo
h. stampate il lavoro

Definizione dei ruoli

Ogni membro del gruppo può assumere anche più di un ruolo.

Verificate che siano assegnati i seguenti ruoli, eventualmente condivisi da due o più persone:

- gli attori protagonisti
- un fotografo, per preparare il set (strumenti, oggetti, luoghi)
- un tecnico per l'impaginazione e per la digitalizzazione delle foto e dei testi
- un responsabile del "comitato di redazione", per la selezione delle foto e per la stesura di battute e didascalie
- un responsabile dei tempi, per controllare che lavoro venga ultimato entro i tempi concordat
- un supervisore del buon funzionamento del gruppo, per sollecitare tutti i compagni ad impegnarsi attivamente, in modo serio e responsabile

RIFLETTO SUL LAVORO SVOLTO

- Mi è piaciuta l'opera di Ammaniti *Io e te*.
  sì, molto ☐ sì, abbastanza ☐ poco ☐ no ☐
  perché ______

- Mi è piaciuta soprattutto la parte in cui ______
  perché ______

- Mi è piaciuto il personaggio di Lorenzo ☐ Olivia ☐
  perché ______

- Non mi è piaciuto il personaggio di Lorenzo ☐ Olivia ☐
  perché ______

- Segno l'unità che ho trovato più interessante, che ho trovato più utile, che ho trovato più difficile.

	più interessante	più utile	più difficile
1. In cantina	☐	☐	☐
2. Insieme in cantina	☐	☐	☐
3. Oltre il libro	☐	☐	☐
Progetto. Realizzare un fotoromanzo	☐	☐	☐

- Indico l'attività che ho trovato più interessante e spiego perché.
  unità ______ percorso ______ attività ______

- Indico l'attività che ho trovato particolarmente difficile e spiego perché.
  unità ______ percorso ______ attività ______

- I miei suggerimenti per rendere questa attività meno difficile (cosa mi avrebbe aiutato a superare le difficoltà).

m3 PER CONCLUDERE...

RIFLETTO SUL LAVORO SVOLTO

Segna le attività che hai gradito di più e che ti hanno aiutato di più nella comprensione dell'opera. Fai una graduatoria delle prime cinque. Poi confronta con un compagno e motivate le vostre scelte.

	ho gradito di più	mi ha aiutato di più
riempire le tabelle con informazioni sui personaggi	☐	☐
le attività che utilizzano immagini	☐	☐
il testo di approfondimento sugli insetti	☐	☐
riordinare o completare le battute del dialogo tra Lorenzo e Olivia	☐	☐
le attività che stimolano a cercare le risposte nel testo	☐	☐
le attività di abbinamento	☐	☐
le attività Vero / Falso con correzione delle affermazioni false	☐	☐
gli elenchi da contrassegnare sulla base di quanto compreso	☐	☐
le attività che aiutano a ricostruire la storia	☐	☐
correggere il riassunto di un alunno poco attento	☐	☐
leggere le recensioni del libro	☐	☐
scrivere un commento per il giornalino della scuola	☐	☐
realizzare un fotoromanzo	☐	☐

Le mie riflessioni sulla storia

____

____

____

____

____

____

____

____

In futuro mi piacerebbe leggere altre storie di questo tipo. sì ☐ no ☐

In futuro preferirei leggere storie che parlano di ____

____

____

MI AUTOVALUTO

In questo modulo sono riuscito a...

	molto bene	bene	con qualche difficoltà	con parecchie difficoltà
	☺	☺	><	××
mantenere alto l'interesse durante la lettura di tutto il testo	☐	☐	☐	☐
usare il contesto per capire le parole che non conosco	☐	☐	☐	☐
non scoraggiarmi di fronte alle parole che non conosco	☐	☐	☐	☐
immedesimarmi nella figura di Olivia e scrivere una lettera	☐	☐	☐	☐
andare oltre la storia per riflettere sui problemi dei ragazzi	☐	☐	☐	☐
scoprire le caratteristiche psicologiche dei due personaggi	☐	☐	☐	☐
vedere i cambiamenti avvenuti nei personaggi	☐	☐	☐	☐
cogliere alcune differenze tra il libro e il film	☐	☐	☐	☐
comunicare il punto di vista e le mie opinioni ai compagni	☐	☐	☐	☐
comunicare il mio punto di vista all'insegnante	☐	☐	☐	☐

Non sono molto soddisfatto e vorrei migliorare ______________________________

____

Per migliorare avrei bisogno di ______________________________

____

FONTI ICONOGRAFICHE

cover rawpixel/123rf |
pagina 6 Shanti Hesse/123rf |
pagina 14 Brian Jackson/123rf | eladora/123rf | Wang Tom/123rf | Vladimir Zadvinskii/123rf |
pagina 19 dmitrydesigner/123rf |
pagina 55 Paul Tridon/123rf |
pagina 59 maxaltamor/123rf | Keerati Saysuwan/123rf | Igor Terekhov/123rf | Dmytro Skorobogatov/123rf | Igor Kovalchuk/123rf |
pagina 66 Carlos Caetano/123rf |
pagina 68 edella/123rf | rudi1976/123rf | Jacek Sopotnicki/123rf | Mykola Ivashchenko/123rf |
pagina 73 jipen/123rf |
pagina 80 kateleigh/123rf | Thomas Dutour/123rf | Ganna Poltoratska/123rf |
pagina 86 aliasching/123rf |
pagina 89 Eros Erika/123rf |
pagina 90 dmitrydesigner/123rf |
pagina 91 Konstantin Faraktinov/123rf |
pagina 95 Oleksandr Nebrat/123rf |
pagina 112 Vladimir Yudin/123rf | avelkrieg/123rf |
pagina 114 Dmitriy Shironosov/123rf | Mariusz Świtulski/123rf | Ren Hartmann/123rf | Melissa Varoy/123rf | MaszaS/123rf |
pagina 132 Roman Motizov/123rf |
pagina 138 Luis Louro/123rf | Paweł Horosiewicz/123rf | Melinda Fawver/123rf | Ozgur Coskun/123rf |
pagina 143 Konstantin Iliev/123rf |
pagina 145 nroytmanphotography/123rf |
pagina 147 srapulsar38/123rf |
pagina 148 belchonock /123rf |
pagina 149 Vitalii Tiahunov/123rf |
pagina 150 Gordana Sermek/123rf | tarzhanova/123rf | Ren Hartmann/123rf | Winai Tepsuttinun/123rf |
pagina 151 Eva Volpato/123rf | et1972/123rf | Viktor Gmyria/123rf | Nikolay Litov/123rf | georgejmclittle/123rf |